Rainer Eisfeld

ROCK'N'ROLL
UND SCIENCE FICTION

„Ja, der Kerl, der kam aus der Luft zu mir,
und er hatte nur ein Auge und ein Horn dafür.
Er schob einen Karren, und er sah so aus,
als wär' er oben auf dem Mars zu Haus."

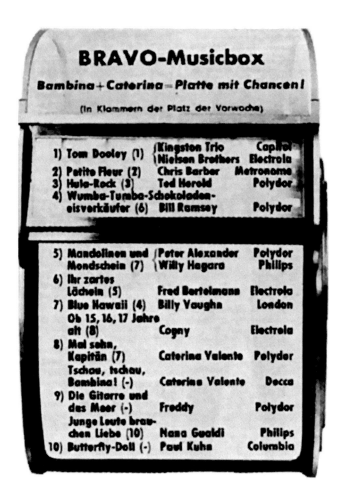

„Wumba-Tumba-Schokoladeneisverkäufer"
Bill Ramsey 1959, dt. Version von
Sheb Wooley: „Purple People Eater"

Rainer Eisfeld

Rock'n'Roll und Science Fiction

Wie die Bundesrepublik modern wurde

oder auch

… der Kerl, der sah aus,
als wär' er auf dem Mars zu Haus …

Dieter von Reeken • Lüneburg

Rainer Eisfeld, Jahrgang 1941. 1959 Abitur in Bonn. Studium in Saarbrücken (Diplom 1966) und Frankfurt (Promotion 1971; Promotionspreis der Wirtschafts- und Sozialwissenschaftlichen Fakultät). 1974-2006 Professor für Politikwissenschaft, Universität Osnabrück, 2002 Gastprofessor an der University of California at Los Angeles (UCLA). 1994-2017 Kuratoriumsmitglied der Stiftung Gedenkstätten Buchenwald und Mittelbau-Dora, 2006-2012 Vorstandsmitglied der International Political Science Association. 1997 Wahl der Studie *Mondsüchtig. Wernher von Braun und die Geburt der Raumfahrt aus dem Geist der Barbarei* unter die Wissenschaftsbücher des Jahres durch die Jury der Zeitschrift *Bild der Wissenschaft*.

Hauptwerke: *Pluralismus zwischen Liberalismus und Sozialismus* (1971, ital. 1976, kroat. 1992); *Ausgebürgert und doch angebräunt: Deutsche Politikwissenschaft 1920-1945* (^{2}2013, ^{1}1991); *Mondsüchtig* (^{3}2012, ^{1}1996; tschech. 1997); *Political Science in Central-East Europe: Diversity and Convergence* (Hrsg., m. Leslie A. Pal, 2010; "Recommended by IPSA"); *Empowering Citizens, Engaging the Public: Political Science for the 21st Century* (2019); *Die bewaffnete Gesellschaft der USA* (^{2}2021, ^{1}1994).

Eine erste Fassung dieses Buchs erschien 1999 im Nomos-Verlag Baden-Baden unter dem Titel: *Als Teenager träumten. Die magischen 50er Jahre.* Die vorliegende Neuausgabe wurde vollständig überarbeitet. Mehrere Kapitel wurden hinzugefügt, andere entfielen. Die Zahl der – nun auch farbigen – Illustrationen wurde vervielfacht. Alle Fotos: Archiv Eisfeld

Umschlagbild: Verrückter Astronaut, der Gitarrenslogan spielt
(Hayrullah Kaya/shutterstock.com 2021)

Copyright © 2022 für Satz und Gestaltung
by Dieter von Reeken, Lüneburg
Herausgeber und Verlag der DvR-Buchreihe:
Dieter von Reeken, Brüder-Grimm-Straße 10, 21337 Lüneburg
www.dieter-von-reeken.de

Druck und Verarbeitung: Schaltungsdienst Lange oHG, Berlin

1. Auflage 2022

ISBN 978-3-945807-62-0

Inhalt

Weder Pferdehalfter an der Wand, noch Traumboot nach Hawaii	7
Keine Experimente? A-bop-bop-a-loom-op a-lop-bop-boom!	31
Zähmung und Entschärfung: Der autoritäre Gegendruck	36
Trag blau statt grün – das ist die Farbe der Treue	43
Taschenbuch fürs Taschengeld: Die gelumbeckte Kulturrevolte	48
Eddie, wenn das deine Mutti wüsste	54
Rock, Rock, Rock bis zum Tageslicht	62
Unverstanden in Blue Jeans	79
Er singt, wie Marilyn Monroe geht	87
Auf ins tabu und zum Montmartre	97
Utopia statt *Billy Jenkins*	107
Die Zukunft in der Tasche	113
Radio Luxemburg, the Station of the Stars	121
Westdeutschlands biedere Heulbojen	129
Jahrmarkt des Atomzeitalters	141
Ausklang: Keine Experimente? Auf in die 60er!	151
Bibliografische Hinweise	151
Sach- und Personenregister	156
Verzeichnis der Filmtitel	159
Verzeichnis der Schlagertitel	160

Original-*Purple People Eater* à la Sheb Wooley: Die Phantasie der Fans zu skurrilen *Aliens* angeregt (*LIFE*, April 1958)

Weder Pferdehalfter an der Wand, noch Traumboot nach Hawaii

„Ums Himmels willen, was ist denn das?"
„Das ist Rock'n'Roll, Mutti."

Perplexer Familiendialog (1956)

„Rainer ist 15 Jahre alt und findet gut, was alle Jungs in seinem Alter in den 50er Jahren gut finden: Rock'n'Roll, Blue Jeans und Mädchen ..."
So stand es auf dem Waschzettel des 2003 fürs WDR-Schulfernsehen gedrehten Kurzfilms *Elvis und das magische Auge*. „Außerdem noch Science Fiction", hätte der unbekannte Texter hinzufügen können. Denn jener Rainer des Jahres 1956 war kein anderer als der Autor des vorliegenden Buchs, in dem 15-minütigen Werk dargestellt von Marc-Oliver Moser (mit *Lindenstraßen*-Ruhm). Der Film gehörte zu einer vierteiligen Reihe von „Geschichten aus der Nachkriegszeit" – Drehbuch: Georg Wieghaus, Regie: der mittlerweile verstorbene Hanno Brühl. Die Schlussszene wurde gedreht in der nostalgischen Milchbar, die sich samt Musikbox im Bonner „Haus der Geschichte" besichtigen lässt.

Das „magische Auge" war natürlich die – besonders im Dunkeln – verheißungsvoll glühende Abstimmanzeige des heimischen Radiogeräts, Symbol für den täglichen Kampf um die von den Eltern beanspruchte „Rundfunkhoheit": Wann durften die Kids bei Radio Luxemburg, AFN oder BFN die von ihnen ungeduldig ersehnten Schallplatten im „Familienradio" hören?

In einer wunderbaren (dem wirklichen Leben abgeschauten!) Szene fing das Drehbuch von Wieghaus ein, wie Teenager sich damals, was Musikgeschmack, Frisur, Kleidung anging, zu wehren anfingen gegen die „Spießigkeit", die „korrekten" Lebensformen ihrer Eltern und Lehrer. Anlass im Film: Für Rainer soll eine neue Hose erworben werden – und damit stellt sich das Problem der „blauen Röhren":

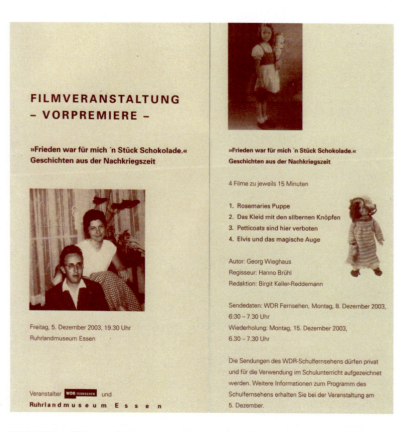

WDR-Film *Elvis und das magische Auge* (des Radios): Ein Stück 50er Jahres-Geschichte

Darsteller Marc-Oliver Moder und Anna Brass: Rainer mit Tanzstunden-Schwarm Gudrun in – na wo? – der Milchbar

Ein Bekleidungsgeschäft am Bonner Markt. Auf einer Verkaufstheke etliche Hosen in grau und schwarz mit Bügelfalte. Dahinter Regale; in einem Fach liegen Blue Jeans. Eine Umkleidekabine; Kleiderbügel mit Hosen; Hosen auf einem Hocker. Eine angestrengt wirkende ältere Verkäuferin kommt mit einer weiteren Hose.

VERKÄUFERIN: Hier habe ich noch eine besonders schöne Qualität. Diese Hose wird sehr gern genommen.

RAINER *wirft einen kurzen skeptischen Blick darauf.*

DIE MUTTER: Was meinst du? *Streicht über den Stoff.* Die ist doch todschick.

RAINER *lässt nur einen missbilligenden Laut (Phhh...) hören.*

DIE MUTTER: Nun probier' sie doch wenigstens mal.

RAINER *macht keinerlei Anstalten.*

VERKÄUFERIN: Ich hätte sie eventuell auch noch in braun.

RAINER *halblaut*: Braun ist das Allerletzte.

DIE MUTTER: Bitte, Rainer! Benimm dich!

VERKÄUFERIN: Tja, dann weiß ich leider auch nicht ... *Hebt ratlos die Schultern und dreht sich zum Regal.*

RAINER *folgt ihrem Blick.* Da! Sie stehen doch direkt davor.

VERKÄUFERIN *greift zögernd nach einer Jeans*:   Das sind ... äh ... Nietenhosen ...

DIE MUTTER *energisch*: Nein, auf gar keinen Fall

Die VERKÄUFERIN *lächelt beifällig.*

RAINER: Wieso nicht?

DIE MUTTER: Weil du damit nicht rumlaufen kannst ... Das gehört sich einfach nicht!

RAINER: Warum?

DIE MUTTER: Meinst du, ich will mich deinetwegen schämen?

RAINER: Ich soll wohl der letzte in meiner Klasse sein, der spießig herumläuft? *Geht zur Ladentür.*

1956 also. Bill Haleys „Rock around the clock" und „Heartbreak Hotel" von Elvis Presley waren gerade Hits geworden. Im Jahr darauf outete ich mich in unserer Schülerzeitung als Rock'n'Roll-Fan. „Wer erinnert sich nicht an *Saat der Gewalt*, an Haleys aufpeitschende Stimme zu Beginn?", schrieb ich emphatisch. „Und was ist besser – der Verlust der Individualität bei Marschmusik, oder ihr Gewinn bei Rock'n'Roll?"

Weil gerade der erste Sputnik gestartet war, enthüllte der *Bonner Generalanzeiger* auch gleich noch meine „Weltraumträume", sprich: meine Begeisterung für Science Fiction: „Unterprimaner, ganze sechzehn Jahre, beschlagen auf den Gebieten der Astrophysik, der interstellaren Raumfahrt, kennt sich aus wie ein Alter." Ob ich selber Raketenforscher werden wolle? Ich sei wohl in Mathematik nicht stark genug, gestand ich dem Reporter. Was mir anschließend ein gehöriges Maß an Anpflaumereien eintrug ...

Jedenfalls: Weltraumopern statt Pferdeopern, heiße Musik statt Südseeschmalz – das waren *die* popkulturellen Aufbrüche der ausgehenden 1950er Jahre. Wer konnte da bei den Teenagern mehr punkten als jener rock'n'roll-versessene Alien, den Sheb Wooley Mitte 1958 auf der Erde anlangen ließ?

Einen Job bei einer Rock'n'Roll-Band wollte er, und am Ende verlangte er auch noch mit seiner Krähstimme: „Tequila!" Bald trat der einäugige Purpurleute-Fresser in Fernsehshows auf, ließ dem langen Horn, das seinen Kopf zierte, immer neue Rock'n'Roll-Töne entquellen. Purpurfarben war er im Übrigen keineswegs, und selbstredend verspeiste der *Purple People Eater* auch keine Erdbewohner. Nur die Purpurleute auf seiner eigenen Welt fraß er, wo immer die liegen mochte.

Wie die sprichwörtlichen warmen Semmeln verkaufte sich der Song vom *Purple People Eater:* Wochenlang erster Platz der US-Hitparade, auch hierzulande Favorit derer, die ihre Groschen in die Musikboxen steckten. Zum Hit entwickelte sich selbst die eingedeutschte Version, gesungen von Bill Ramsey, obwohl sich Sheb Wooleys exotisches Exemplar besonders einfallsreich in einen „Wumba-Tumba-Schokoladeneisverkäufer von dem andern Stern" verwandelt fand.

Dennoch - Rock'n'Roll, vereint mit der Neugier auf Aliens (zumal verjuxte Aliens wie jener gehörnte Schokoladeneisverkäufer): Einer Zeile aus Ramseys Hit verdankt dieses Buch deshalb seinen Untertitel.

„Zwölf Bonner" – so viele Mitglieder zählte unsere gerade gebildete kleine Gruppe des Science Fiction Clubs Deutschlands – „zwölf Bonner träumen von der Fahrt zum Mond", überschrieb der *Generalzeiger* also seine Reportage. Fünfundfünfzig Jahre später, 2012, verlieh das Haus der Geschichte der Bundesrepublik, gleichfalls in Bonn, dem damals noch randständigen Genre museale Weihen und solchermaßen den offiziellen Stempel der Seriosität.

„Science Fiction-Fans auf dem Weg zu den Sternen" konnte man, nicht viel anders als zuvor, in der Begleitausgabe des *museumsmagazins* lesen. Und an einer Wand der Ausstellung prangte großformatig eine aufwärtsstrebende Rakete im Kreis, das Logo des SFCD.

Rock'n'Roll hatte solche staatstragende Vereinnahmung („ROCK! Jugend und Musik in Deutschland") schon sechs Jahre davor erfahren.

Rock 'n' Roll

Seit der Zeit, da der Jazz sich durchzusetzen begann, ist keine Musikart aufgetaucht, die derartig gegensätzliche Beurteilungen erfuhr wie „Rock and Roll". Allerdings ist es nicht, wie weithin angenommen, so, daß die Erwachsenen einmütig Rock 'n' Roll ablehnen und die Jugend ebenso einmütig dafür durchs Feuer geht. Immerhin muß man Geschichte und Bestandteile dieser Musikart kennen, um sie beurteilen zu können.

Geht man von anderen Musikarten aus, so läßt sich Rock 'n' Roll nicht eindeutig definieren. Er enthält Bestandteile von Hillbilly und Dixieland, doch differiert dies mit den einzelnen Bands. Fats Domino beispielsweise wurde in New Orleans mit der Jazztradition groß, während Bill Haley im Mittelwesten aufwuchs und entsprechend dem Cowboysong nähersteht. Auf der instrumentalen Seite des Rock herrschen Schlagzeug, Gitarre und Saxophon, außerdem Piano vor. Teilweise tritt — wie bei Elvis Presley und Little Richard — die musikalische Untermalung in den Hinter- und der Sänger mehr in den Vordergrund.

Pionier des Rock 'n' Roll war Bill Haley. Wer erinnert sich nicht an „Saat der Gewalt", an Haleys aufpeitschende Stimme zu Beginn: „One, two, three o'clock, four o'clock, rock..."? Gemeinsam mit dem Film trat „Rock around the clock" seinen Siegeszug um die Welt an und machte Rock 'n' Roll populär. Haley selbst wurde 1929 in Highland Park, einer Vorstadt Detroits, geboren. Er wuchs in einer kleinen Landstadt Pennsylvanias auf, reiste mit kleineren Bands im Mittelwesten umher und gründete 1953 die sieben „Comets", mit denen er berühmt wurde. Von den 10 Millionen Platten — darunter Hits wie „Razzle Dazzle", „Mambo Rock" und „See you later, Alligator" —, die er seit 1954 verkaufte, nimmt „Rock around the clock" mit über drei Millionen Exemplaren fast ein Drittel ein. Während seiner Englandtour 1956 wählten die Hörer des amerikanischen Soldatenrundfunks AFN Haley zum „King of Rock 'n' Roll". Heute hat seine Popularität stark nachgelassen, und seine letzten Platten konnten die Erfolge des Beginns nicht wiederholen. Rock 'n' Roll ohne Haley aber ist nicht denkbar, und „Rock around the clock" wurde öfter gespielt, gehört, gesungen, gesummt und gepfiffen als jeder andere moderne Schlager.

Der Schallplattenjockey Alan Freed zog Rock 'n' Roll im Radio und Fernsehen groß. Die ersten beiden Filme „Rock around the clock" und „Don't knock the rock" wurden gedreht, bei uns als „Außer Rand und Band" I. u. II. mit Haley, Little Richard, den Platters u. a. Es waren zwei Filme, die in vielen Ländern bei ihrer Aufführung Tumulte verursachten. Gene Vincent und seine Blue Caps, die 15- und 16jährigen „Teenagers" unter Frank Lymon, Fats Domino und der gutaussehende Pat Boone mit seiner weichen, sympathischen Stimme wurden viel gehört. Die Spitzenfigur neben Haley aber bildet Elvis Presley.

Elvis wurde am 8. 1. 1935 in Tupelo, Mississippi geboren und lebt heute mit seinen Eltern in Memphis, Tennessee. Sein Gesicht mit den „sideburns" dürfte bekannter sein als das mancher Staatsgrößen, und er kann als Nachfolger von Sängern wie Rudy Vallee, Frank Sinatra und Johnnie Ray angesehen werden, bei deren Aufführungen die Fans ebenfalls kreischten und schluchzten und denen ebenfalls die Kleider vom Leibe gerissen wurden. Höchstens sind bei Elvis die Bewegungen neu, mit denen er seinen Gesang begleitet. Mädchen und Jungen springen dabei schreiend von den Sitzen auf, und im

Bonner Schülerzeitung:

August 1956 ließ der Pfarrer von Jacksonville, Florida, seine Gemeinde für Elvis beten, wobei er feststellte, an ihm zeige sich ein neuer Tiefpunkt geistiger Degeneration. Presley dagegen bestand: „Ich mache einfach keine schmutzigen Körperbewegungen."
Zumindest bildet er in seiner Jugend erwiesenermaßen das ganze Gegenteil des Typs, mit dem ihn seine Kritiker heute identifizieren möchten. Ein wenig scheu und zurückhaltend, verstand er sich gut mit Eltern und Lehrern. Wie sein Vater wurde er zunächst Lastwagenfahrer. Im November 1955 schloß RCA-Viktor, die größte Schallplattenfirma der USA, einen Kontrakt mit ihm. Seitdem ist Elvis nach seinen Aufführungen stets von sechs Polizisten umgeben, und im Oktober 1956 waren bereits über 6 Millionen Schallplatten von „Tutti Frutti", „Hound Dog" und „Heartbreak Hotel" verkauft.
Sein erster Film „Love me tender" („Pulverdampf und heiße Lieder") fiel durch, denn dort bot er Schnulzen, aber keinen Rock 'n' Roll. Man prophezeite bereits, er sei erledigt, als ihm „All shook up" und „Teddy Bear" neuen Boden gewannen. Seitdem ist er in zwei Filmen erschienen: „Loving you" in Breitwand und Farbe, der als „Gold aus heißer Kehle" jetzt bei uns anläuft, und „Jailhouse Rock".
Man hat Rock 'n' Roll vorausgesagt, er sei nur eine Zeiterscheinung, die nach einem Jahr wieder verschwinden werde. Trotz Calypso hält er sich jedoch bereits drei Jahre, er wird in den meisten Tanzschulen gelehrt, und wenn man argumentiert, in den USA würden mehr Schallplatten von Harry Belafonte als von Elvis Presley verkauft, dann ist diese Zahl nur sehr relativ, denn Rock 'n' Roll hat sich auf der ganzen Linie durchgesetzt, Calypso dagegen nur in der Person Belafontes.
Was die meisten Kritiker übersehen, ist, daß sowohl Rock als auch das Verhalten der Fans gar nichts Neues ist. Die Sänger bemühen sich nach Kräften, ein gutes Vorbild zu geben. Presley war kein Halbstarker, er rät in Zeitschriften seinen Fans stets, sich mit ihren Eltern zu besprechen. Die Jugend wie das Familienleben Pat Boones gelten als vorbildlich. Die Fans schreien auch bei anderen Gelegenheiten, und was die Musik betrifft — in den 20er Jahren bezeichnete man Jitterbug und Jazz ebenfalls als unmoralisch und degradierte letzteren ebenso wie Rock als primitiv. Man verkennt die Sachlage, wenn man Rock 'n' Roll weitgehend zum Schuldigen an dem „Halbstarkenproblem" stempeln will. Es ist wohl allgemein bekannt, daß dabei die Folgen des Krieges und in vielen Fällen ein Versagen der Eltern und Gesetzesorgane die Hauptrolle spielen. Die Jugend rebellierte, ehe es Rock gab, sie trug Bluejeans, ehe es Rock gab; sie schloß sich zu Banden zusammen, ehe es Rock gab. Soll sich ein Junge nicht lieber auf dem Tanzparkett austoben und hier „Dampf ablassen", als es irgendwo anders in weniger harmloser Weise zu tun? Ausartungserscheinungen gibt es auf jedem Gebiet, nicht nur hier. Und was ist besser — der Verlust der Individualität bei Marschmusik oder ihr Gewinn bei Rock 'n' Roll? Das sind Fragen, die man ernsthaft stellen muß, wenn man spürt, daß diese Musikart in Bausch und Bogen verurteilt wird.
Man sagt, die heutige Jugend sei nicht schlechter als die anderer Generationen, man habe ihr nur weniger Chancen gegeben. Ist die Musik unserer Zeit etwa schlechter, oder bieten sich hämmernder Rhythmus, hetzendes Tempo und schnelle Bewegungen nicht als Parallelen zu anderen Erscheinungen an?

Rainer Eisfeld, UIc

5

Als Rock'n'Roll-Fan geoutet

GENERAL-ANZEIGER 7. NOVEMBER 1957

Alle vierzehn Tage

Zwölf Bonner träumen von der Fahrt zum Mond

Science Fiction Club greift nach den Sternen — Vorsitzender ist ein Unterprimaner — Große Sachkenntnis

Zwölf Bonner fahren zum Mond! Genauer: sie haben schon dutzendmal die Eroberung des Weltraumes durchexerziert. Alle vierzehn Tage treffen sie sich und diskutieren an Hand von Modellen, Fachbüchern, Filmen und Bildern über den „Mond aus Menschenhand" oder die Geschichte vom feurigen Pfeil bis zur V 2. Geistige Eroberung des Weltraumes heißt ihr Motto. Was an handfesten wissenschaftlichen Erkenntnissen über Sonne, Mond und Sterne bekannt ist, haben sie sich erarbeitet; die zwölf Mitglieder des internationalen „Science Fiction Clubs" in Bonn.

Zwischen 15 und 30 Jahren liegt das Alter der Klubmitglieder, die einer weltumspannenden Organisation angehören, entstanden aus der Liebe zu utopischen Romanen (Science Fiction). Ihr Vorsitzender ist ein begeisterter Anhänger der Weltraumforschung und der Wissenschaft über Raketenbau. Er kennt sich aus wie ein Alter: der Unterprimaner Rainer Eisfeld, ganze sechzehn Jahre alt, beschlagen auf den Gebieten der Astrophysik, der interstellaren Raumfahrt und der Fachliteratur. Sein Steckenpferd? Für einen Verlag übersetzt er amerikanische Zukunftsromane oder Kurzgeschichten ins Deutsche. Eine Reihe von Veröffentlichungen liegen bereits vor.

Als kürzlich in London die Weltvereinigung der SF-Clubs tagte, nahm als einer der fünf deutschen Delegierten auch Rainer Eisfeld an dem Kongreß teil. Hier traf er auch Willy Ley, den deutschen Raumfahrtforscher, der seit Jahren in Amerika lebt. Wernher von Braun, der für die Entwicklung der V 2 in Deutschland betrieben hat und in den USA als Experte Nummer eins gilt, übermittelte dem Kongreß seine Grüße. Auch der Bonner Klub steht im Briefwechsel mit dem Deutsch-Amerikaner.

Thema: Eroberung des Weltalls

Was die elf jungen Leute und eine junge Frau in Bonn zum Thema „Eroberung des Weltalls" drängt, ist nicht nur die utopische Roman, der ursprünglich den Anstoß gegeben hat, sondern die rapide Entwicklung der Technik. Der Forscher Oberth sagte einmal, daß unsere Zeit das Problem der Weltraumfahrt viel stärker geistig vorbereitet habe durch Romane und populärwissenschaftliche Publikationen als etwa die Generation vorher die Fragen des Motorfluges.

Was Wernher von Braun in seinen Veröffentlichungen mit wissenschaftlicher Prophetie verkündet hat, ist den Klubmitgliedern geläufig wie das Abc. Schlösser, die im Monde liegen, sind für sie fast schon greifbar. Einige technische Fragen beantwortet Rainer, der sechzehnjährige Vorsitzende, aus dem Handgelenk.

Der Mond umkreist die Erde im Abstand von 384 000 Kilometern in einer Zeit von 27,3 Tagen. Warum bleibt der Abstand immer derselbe? Newton hat vor 300 Jahren bereits die Frage geklärt. Die Anziehung der Erde auf den Mond wird von der Eigenbewegung des Mondes soweit aufgehoben, daß er nicht weiter im Kreise um die Erde herum bewegt. Eine bestimmte Geschwindigkeit ist erforderlich. Bei einem Abstand von 384 000 Kilometern muß sie genau ein Kilometer pro Sekunde betragen, woraus sich die Umlaufdauer von 27,3 Tagen ergibt. Nur so bleibt der Abstand des Mondes zur Erde dauernd gleich.

Darauf stützt sich auch Wernher von Braun, der eine künstliche Weltraumstation bauen will. Ein radarartiger Hohlkörper wird die Erde in 1730 Kilometer Höhe alle zwei Stunden mit der Geschwindigkeit von sieben Kilometern in der Sekunde umkreisen. Aus nylonartigem Kunststoff soll die Station mit einem Durchmesser von 75 Metern gebaut werden.

Die SF-Klubmitglieder kennen die „MOUSE" genau so gut wie den „Sputnik" oder dreistufige Raketen. Prof. Singer in den USA entwickelte vor zwei Jahren die Pläne für einen „Minimum Orbital Unmanned Satellite of Earth" (MOUSE). Was er projektierte, schickten die Russen um eine Nasenlänge voraus ins Weltall: Sputnik I und II.

Als Rainer vor einiger Zeit in der Ernst-Moritz-Arndt-Schule II im Rahmen einer Schülerausstellung auch eine Ecke mit Mo-

Übersetzungen amerikanischer Zukunftsromane für einen deutschen Verlag liefert Rainer Eisfeld, der junge Weltraumkenner, in seiner Freizeit. Er ist Vorsitzender des Science-Fiction Clubs in Bonn.

dellen, Zeichnungen und Fotos über die Weltraumprobleme vollpackte, wuchs unter seinen Kameraden das Interesse. Mit einigen anderen gründete er die „Urzelle" des Bonner SF-Klubs, dem sich später Studenten, Angestellte und Kaufleute anschlossen.

Ob er selbst einmal Raketenforscher werden will? Etwas verlegen schaut Rainer über den Stapel utopischer Romane und fachlicher Literatur. „Ich glaube, ich bin in Mathematik nicht stark genug!" hek-

Ehrung für Professor Trimborn

Auf der Tagung der Deutschen Gesellschaft für Völkerkunde in Berlin vom 28. bis 31. Oktober wurde Professor Dr. Hermann Trimborn, Direktor des Völkerkundlichen Seminars der Universität Bonn, zum Vorsitzenden der Gesellschaft gewählt.

Bonner *General-Anzeiger*: Mit Wernher von Braun zu korrespondieren, galt quasi als Ritterschlag.

Und Elvis Presley („Elvis in Deutschland") schaffte es noch zwei Jahre früher in die Hallen des Museums; Stiftungspräsident Hermann Schäfer aus diesem Anlass: „… der großartige Sänger … kultureller Meilenstein auf dem langen Weg der Bundesrepublik Deutschland nach Westen". Wer miterlebt hatte, wie Rock'n'Roll und Presley im Nachkriegsdeutschland als „Hottentottenmusik" und „Heulboje" diffamiert worden waren, rieb sich die Augen.

Zurück ins Jahr 1956: Nicht lange, und rock'n'roll-begeisterte Cliquen, zu denen ich gehörte, hockten regelmäßig um den Plattenspieler. Fingerschnippend versuchten wir, die Texte jener Songs zu entziffern, die Bill Haley, Elvis Presley, Little Richard, Chuck Berry auf den 45er Scheiben stöhnten und röhrten, für die wir unser schmales Taschengeld ausgaben. Und wer das Glück hatte, in Bonn zu wohnen, der stieß am Kaiserplatz auf zwei oder drei Antiquariatskarren, bei denen die Mitglieder der amerikanischen „Kolonie" im „Botschafts"-Stadtteil Plittersdorf ihre ausgemusterte Lektüre abstießen. Dort ließen sich blau umrandete *Signet*-Taschenbücher entdecken, die von Asimov bis Heinlein Amerikas führende SF-Autoren veröffentlichten. Wer Mut hatte, griff zu und begann, die „Weltraumgeschichten" auf Englisch zu lesen.

Meinen Fertigkeiten im Englischen kamen die eine wie die andere Übung zugute, mochten auch Lehrer meinen „amerikanischen Akzent" kritisieren. Und wie der *Generalanzeiger* vermerkte: Das aufstrebende Literaturgenre Science Fiction bot enthusiastischen Heranwachsenden mit ausreichenden Englischkenntnissen unerwartete Gelegenheiten, ihr Taschengeld aufzubessern – Chancen, von denen wir nie zu träumen gewagt hätten. Etablierte Übersetzer gab es in der Sparte noch nicht. Eine übersetzte Kurzgeschichte bedeutete eine Postanweisung über 50 Mark. Ein Heftroman brachte das Fünffache.

Ich „bewährte" mich, und ich vertrat den SFCD beim Welttreffen der Science-Fiction-Fans in London, das 1957 erstmals außerhalb Nordamerikas stattfand. Gewöhnungsbedürftig war das Bier, kannte ich doch bislang nur sieben Minuten gezapftes Pils mit fester Schaumkrone. Aus den Zapfhähnen britischer Pubs lief dagegen bitteres, lauwarmes Ale. Aber gleichviel: Nach einer in Zeitungspapier eingeschlagenen Mahlzeit aus paniertem Fisch und fettigen Chips, billig zu haben in den Lyon's Corner Houses, war jede Art Gerstensaft willkommen.

Dass ich mit Abstand der jüngste Redner beim Festbankett des Treffens war, trug mir Sympathien ein; ebenso mein Schlusssatz: „We would like you to be our friends, just as we are yours." Das britische Magazin *New Worlds* applaudierte in seiner nächsten (Oktober-) Ausgabe dem

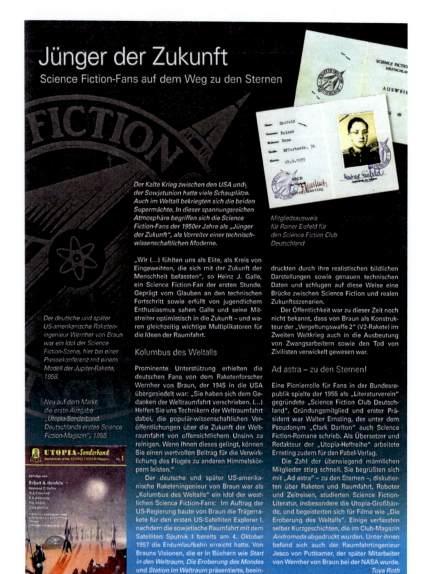

Jünger der Zukunft
Science Fiction-Fans auf dem Weg zu den Sternen

Der Kalte Krieg zwischen den USA und der Sowjetunion hatte viele Schauplätze. Auch im Weltall bekriegten sich die beiden Supermächte. In dieser spannungsreichen Atmosphäre begriffen sich die Science Fiction-Fans der 1950er Jahre als „Jünger der Zukunft", als Vorreiter einer technisch-wissenschaftlichen Moderne.

Mitgliedsausweis für Rainer Eisfeld für den Science Fiction Club Deutschland

„Wir (...) fühlten uns als Elite, als Kreis von Eingeweihten, die sich mit der Zukunft der Menschheit befassten", so Heinz J. Galle, ein Science Fiction-Fan der ersten Stunde. Geprägt vom Glauben an den technischen Fortschritt sowie erfüllt von jugendlichem Enthusiasmus sahen Galle und seine Mitstreiter optimistisch in die Zukunft – und waren gleichzeitig wichtige Multiplikatoren für die Ideen der Raumfahrt.

Kolumbus des Weltalls

Prominente Unterstützung erhielten die deutschen Fans von dem Raketenforscher Werner von Braun, der 1945 in die USA übergesiedelt war: „Sie haben sich dem Gedanken der Weltraumfahrt verschrieben. (...) Helfen Sie uns Technikern der Weltraumfahrt dabei, die populär-wissenschaftlichen Veröffentlichungen über die Zukunft der Weltraumfahrt von offensichtlichem Unsinn zu reinigen. Wenn Ihnen dieses gelingt, können Sie einen wertvollen Beitrag für die Verwirklichung des Fluges zu anderen Himmelskörpern leisten."

Der deutsche und später US-amerikanische Raketeningenieur von Braun war als „Kolumbus des Weltalls" ein Idol der westlichen Science Fiction-Fans: Im Auftrag der US-Regierung baute von Braun die Trägerrakete für den ersten US-Satelliten Explorer I, nachdem die sowjetische Raumfahrt mit dem Satelliten Sputnik I bereits am 4. Oktober 1957 die Erdumlaufbahn erreicht hatte. Von Brauns Visionen, die er in Büchern wie *Start in den Weltraum*, *Die Eroberung des Mondes* und *Station im Weltraum* präsentierte, beeindruckten durch ihre realistischen bildlichen Darstellungen sowie genauen technischen Daten und schlugen auf diese Weise eine Brücke zwischen Science Fiction und realen Zukunftsszenarien.

Der Öffentlichkeit war zu dieser Zeit noch nicht bekannt, dass von Braun als Konstrukteur der „Vergeltungswaffe 2" (V2-Rakete) im Zweiten Weltkrieg auch in die Ausbeutung von Zwangsarbeitern sowie den Tod von Zivilisten verwickelt gewesen war.

Ad astra – zu den Sternen!

Eine Pionierrolle für Fans in der Bundesrepublik spielte der 1955 als „Literaturverein" gegründete „Science Fiction Club Deutschland". Gründungsmitglied und erster Präsident war Walter Ernsting, der unter dem Pseudonym „Clark Darlton" auch Science Fiction-Romane schrieb. Als Übersetzer und Redakteur der „Utopia-Heftreihe" arbeitete Ernsting zudem für den Pabel-Verlag.

Die Zahl der überwiegend männlichen Mitglieder stieg schnell. Sie begrüßten sich mit „Ad astra" – zu den Sternen –, diskutierten über Raketen und Raumfahrt, Roboter und Zeitreisen, studierten Science Fiction-Literatur, insbesondere die Utopia-Großbände, und begeisterten sich für Filme wie „Die Eroberung des Weltalls". Einige verfassten selber Kurzgeschichten, die im Club-Magazin *Andromeda* abgedruckt wurden. Unter ihnen befand sich auch der Raumfahrtingenieur Jesco von Puttkamer, der später Mitarbeiter von Wernher von Braun bei der NASA wurde.

Tuya Roth

Der deutsche und später US-amerikanische Raketeningenieur Wernher von Braun war ein Idol der Science Fiction-Szene, hier bei einer Pressekonferenz mit einem Modell der Jupiter-Rakete, 1958.

Neu auf dem Markt: die erste Ausgabe „Utopia-Sonderband". Deutschlands erstes Science Fiction-Magazin, 1955

Science-Fiction-Ausstellung im Bonner Haus der Geschichte: Stempel der Seriosität – ein halbes Jahrhundert später

„young student from Germany, whose brilliant speech brought thunderous applause".

Noch zwei Jahre, und ich stand vor der Frage, wie es nach meinem Abitur weitergehen sollte. Raumfahrtingenieur kam bestimmt nicht in Frage. Mit der Vorstellung, sogleich ein Studium aufzunehmen, konnte ich mich ohnehin nicht anfreunden. Aber vielleicht SF-Redakteur? Überhaupt irgendein Job im Literatur- oder Medienbetrieb?

Das Ende vom Lied war, dass ich mitwirkte bei der Konzipierung einer Teenager-Zeitschrift, die *BRAVO* Konkurrenz machen sollte. Das von Profis wie Peter Boenisch ersonnene Münchner Produkt gab es damals gerade drei Jahre. Nicht nur ich fand, dass auf dem Markt Platz war für zwei derartige Teenie-Blätter.

Das Ergebnis hieß *hallo – die Zeitschrift mit Pfiff*, Premiere am 1. Januar 1960. Doch das Projekt war bei einem Groschenheftverlag gelandet, und mit dem eine solche Zeitschrift zu machen, erwies sich als wahres Kreuz. Coverfotos wurden grauenhaft koloriert, Angaben zum Layout stießen auf taube Ohren. Mal klemmte es hier, mal haperte es dort. Mit dem Betrag, den der Verlag bewilligte, war an einen größeren Redaktionsstab nicht zu denken. Woche für Woche arbeiteten wir bei zu vielen Zigaretten und zu viel Kaffee am Rand unserer Nervenkraft. Im Verlag kam es zu Unstimmigkeiten. Mitte 1960 wurde *hallo* eingestellt.

Ich hatte schon vorher das Weite gesucht. In die *hallo*-Zeit aber fielen zahlreiche Eindrücke und Impulse, die dem nachfolgenden Buch zu Gute gekommen sind. Radio und Kino – selbst, in Grenzen, deutscher Teenagerklamauk wie *Der Pauker* oder *Alle lieben Peter* – nahmen noch mehr Platz in meiner freien Zeit ein als bisher. Ich interviewte Connie Francis und Peter Kraus, sprach mit Ted Herold, Tommy Kent („Susie Darlin'"), Dany Mann, Vera Tschechowa, Kai Fischer. Unter dem Titel „*hallo* reißt den Schleier weg" schrieb ich meine erste – wie ich später augenzwinkernd behauptete – gesellschaftskritische Serie: „Deutschlands Film- und Schlagernachwuchsstars dürfen weder spielen, was sie möchten, noch singen was sie können. Sie werden das Opfer von ...", und so weiter.

Immerhin: Völlig wirklichkeitsfern war die Selbsteinschätzung „kritisch" nicht. In die Serienfolge über Kai Fischer (*hallo*-Ausgabe 30) – natürlich kein Teeniestar, damals aber in immer neuen Hintertreppenreißern zum verruchten Vamp stilisiert – baute ich die folgenden Sätze ein:

„Gesetzt den Fall, das kleine Mäxchen dürfte überhaupt in einen Kai-Fischer-Film hinein und hätte Kai noch nie gesehen – er würde sie trotz-

Mit 16 in London: Bitteres Ale und Applaus für eine Rede

Erste Übersetzungen: Unverhoffte Gelegenheiten zur Aufbesserung des Taschengelds

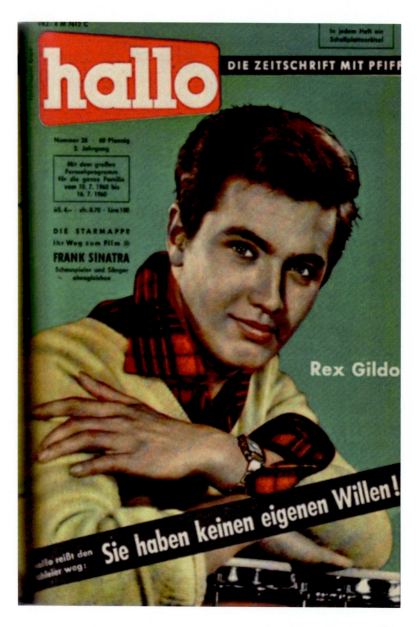

„*hallo* reißt den Schleier weg":

Publicity, Klatsch und eine Spur Kritik

ELVIS PRESLEY, MARGRIT BÜRGIN, VERA TSCHECHOWA, PETER KRAUS UND TED HEROLD BERICHTEN hallo DIE WAHRHEIT

Fesselnder als jeder Sensationsbericht ist

die deutsche Story, wie sie wirk- lich war

Alles andere ist Lüge

Text und Planung: RAINER EISFELD · Interviews (Presley, Herold, Bürgin): PETER von VORMANN · Fotos: AP, dpa, KEYSTONE, PARAMOUNT, CENTFOX, GLORIA, EUROPA, CONSTANTIN, PETER WÜNSCH, ERWIN SCHNEIDER, UTE RICHTER

Copyright by **hallo** Nachdruck, auch auszugsweise, verboten

4. FORTSETZUNG

Eineinhalb Jahre war Elvis Presley, König des Rock'n'Roll und GI, zuletzt zum Sergeant befördert, in Deutschland stationiert. Nur wenige Monate, nachdem er die Khakiuniform angezogen hatte, war seine Mutter gestorben. Els Vater Vernon kam mit nach Deutschland. „Ich freue mich auf die deutschen Mädchen!" hatte er auf seiner Ankunftspressekonferenz erklärt – und als er Margrit Bürgin, eines dieser Mädchen kennenlernte, stürzte sich die Presse auf die willkommene „Sensation". Margrit Bürgin kam bei der Berichterstattung schlecht weg. „Ich wollte nie durch El Karriere machen", erklärte sie damals wie heute. Kaum weniger wurde die Freundschaft Els mit Vera Tschechowa aufgebauscht. Zur gleichen Zeit drohte der Rock'n'Roll durch die Krawalle um Bill Haley in Deutschland in Verruf zu geraten. In der vergangenen Folge äußerte sich Peter Kraus, der am Anfang des Weges zum Weltstar steht, über Elvis und den Rock'n'Roll. Wie stellt sich Ted Herold dazu, der „deutsche Elvis"?

„Ich schätze Elvis Presley sehr, aber ich kopiere ihn nicht", war Ted Herolds Meinung, als wir uns mit ihm unterhielten.

„Sie tragen doch immerhin ihre Songs mit der Presley-Masche vor, und man vergleicht Sie mit ihm", blieben wir hartnäckig. „Haben Sie ihn sich zum Vorbild genommen?"

„Ohne Bill Haley und Elvis Presley gäbe es keinen Rock'n'Roll", lautete Teds Erwiderung darauf. „Diese beiden waren nun einmal die Schrittmacher, und alles, was nach ihnen kam, wird mit ihnen verglichen. Wer Rock'n' Roll singt, der muß ihn so singen. Eine andere Möglichkeit gibt es nicht."

Männlicher

Das Geheimnis der raschen Karriere Ted Herolds läßt sich sehr kurz zusammenfassen. Nach Ansicht vieler Schlagerfans hat er eine männlichere Stimme und sieht, wie eine Illustrierte schrieb, „brutaler und männlicher" aus. Männlicher nämlich als Peter Kraus. Diesem waren gerade eine Reihe von Sünden angedichtet worden, und Ted Herold erschien im richtigen Augenblick auf der Bildfläche.

„Ich hatte mich selbst soweit ausgebildet", erzählte Ted, „daß ich auf Parties Gitarre spielte und dazu eigene und andere Lieder sang. Ein mir bekanntes Mädchen, deren Vater bei Polydor tätig war, bohrte so lange, bis ich einmal vorsingen durfte. Ich wurde nach Hamburg beordert, und Polydor gab mir einen Zweijahresvertrag."

Elvis auf deutsch

Kurz aufeinander fol die deutschen Fassungen Elvis-Hits „Wear My I Around Your Neck", „D land Rock", „Lover Doll" „I Got Stung", von Ted He ausnahmslos in Elvis-Ma interpretiert. Sie schlugen fort ein.

„Meine beiden Platten brauch' keinen Ring' und ver Doll' kletterten gleic Anfang in der Hitparade Radio Luxemburg auf ersten Platz", erinnert Ted. „Weitere Aufnah wie ‚Wunderbar wie du I wieder küßt' und ‚Nur allererste Liebe' stellten im Schlagerbummel des F sehens vor und wurden g Erfolge."

Rückfall auf heiß

Für die große Mehrhei Schlagerfachleute kam Herolds Erfolg völlig

„Alles andere ist Lüge": Sensationell musste *hallo* schon klingen.

PRESLEY   TED HEROLD

SICH DIE BILDER GLEICHEN

raschend. Allgemein herrschte der Eindruck, daß der Rock'n'Roll immer mehr in gemäßigtere Bahnen eintreten würde und der eigens entwickelte Stil einer Conny oder eines Peter Kraus sich durchgesetzt hätte.

Und nun stellte sich plötzlich heraus, daß heiße Musik nach wie vor weit vorn im Rennen lag und die Fans nur auf einen neuen deutschen Elvis gewartet zu haben schienen. Von heute auf morgen wurden sämtliche Prognosen über den Haufen geworfen.

„Es war direkt unwahrscheinlich, wie schnell alles ging", meinte Ted. „Binnen kurzer Zeit war ich so bekannt, daß mein Vertrag gleich um zwei weitere Jahre verlängert wurde."

Der Fankrieg

Allgemein wurde Ted Herold als unmittelbare Konkurrenz für Peter Kraus betrachtet, der über zwei Jahre zuvor im gleichen Stil wie Ted angefangen hatte. Und unter den Fans der beiden brach ein heftiges Für und Wider aus, das seinen Höhepunkt erreichte, als Peter und Ted zusammen auf Tournee gingen.

Und so, wie Ted Herold radikal die heiße Rock'n'Roll-Masche wieder ausgegraben hatte, so waren auch ein paar Rowdies unter den – gegenüber den Peter Kraus-Anhängern weitaus in der Minderzahl befindlichen – Ted Herold-Fanatikern die Radikaleren. Sie griffen zu faulen Eiern und matschigen Tomaten, um ihre Meinung unmißverständlich zum Ausdruck zu bringen. Wiederum erregten einige Rabauken Aufsehen in der Öffentlichkeit.

„In Hamburg war es ganz schlimm", meinte Ted. „Die Polizei hatte alle Hände voll zu tun, um uns heil in unser Hotel zu bringen."

Und wie BRAVO für Peter Kraus brachen wir eine Lanze für Ted Herold.

„Ich bin kein Rock'n'Roll-Sänger": Peter Kraus 1960. Er wirkte auch nicht mehr wie einer ...

dem sofort erkennen. Den ersten Hinweis würde ihm der Titel bieten, der vielleicht *Lockvogel der Nacht, Schwarze Nylons – heiße Nächte* oder so ähnlich lautet.

Endgültig überzeugt aber würde das kleine Mäxchen vom Auftritt Kais. Die Kamera führt ihn in ein Schlafzimmer, in dem aus irgendeinem unerfindlichen – nur dem Drehbuchautor und dem Regisseur bekannten – Grund Kai gerade im Nachthemd (tiefausgeschnitten) beziehungsweise im Korsett (schwarz) steht. Ein rabiater Bursche reißt die Tür auf, stürmt herein, zerrt die Kai am Arm hin und her, brüllt sie an, knallt ihr eine und rast wieder hinaus. Kai, mit blauem Auge, verrutschtem Hemd und hassfunkelndem Blick, starrt ihm hinterher. Aus.

O deutscher Film, du nationales Güteprodukt!"

Soviel zu meiner Ehrenrettung. Die meisten Berichte waren natürlich ungleich banaler, bestanden aus Publicity und Klatsch. Ich „verbriet" welterschütternde Mitteilungen wie „Peter Kraus: Ich bin kein Rock'n'-Roll-Sänger" zu zweiseitigen Berichten. Oder ich ließ die *hallo*-Leserinnen und -Leser daran teilhaben, dass Ted Herold darauf beharrte, bei seinen anspruchsvollen Auftritten Elvis *nicht* zu kopieren. Von der Gesamtaufmachung der Zeitschrift – der Seite mit der Comicfigur Teena, der Rubrik „*hallo* sucht Hasi (das Redaktionsgirl)", den herausnehmbaren Star-Kurzromanen – zu schweigen.

Doch die Tätigkeit schärfte auch meinen Blick. Sie schuf Nähe und Distanz zugleich. Letztlich war ich selbst einer jener Teenager, die nach neuen Maßstäben, nach anderen Werten tasteten und aus deren Perspektive dieses Buch geschrieben ist. Rund um uns stand die Bundesrepublik im Begriff, sich im Zuge des „Wirtschaftswunders" zu einer modernen, ungemein dynamischen Industriegesellschaft zu entwickeln. Umso mehr stieß die Beschwörung vertrauter Werte und Verhaltensformen auf Resonanz bei verunsicherten Älteren. „Abwehr autoritätsgefährdender Neuerungen" (Ulrich Herbert) war angesagt, ob in Schule und Elternhaus oder bei der Rollenverteilung zwischen Geschlechtern und Generationen.

Die Neuerungen aber, zunächst ganz banal bezogen auf Musik, Kleidung, Frisur, Lektüre, Kino ließen sich nicht aufhalten, auch wenn der *SPIEGEL* sich Ende 1956 zum Sprecher des perplexen Bildungsbürgertums machte: Das Hamburger Magazin verkündete, Elvis Presleys Gesichtsausdruck gleiche den Zügen eines Mannes, „der nach einer solennen Sauferei morgens früh um halb fünf das Tageslicht erblickt." Unumwunden gaben die Kulturredakteure ihrer sehnlichen Hoffnung Ausdruck, die „Massenhysterie" könne „ebenso schnell abebben, wie sie aufgeflackert ist."

„Rock'n'Roll is here to stay / It will never die", hielten Danny and the Juniors dagegen. Was amerikanisch war, galt bei meiner Generation allemal als zukunftsträchtig. Rock'n'Roll *und* Science Fiction – zusammen eingefangen in dem 58er Hit vom rockenden Purpurleutefresser – standen *beide* für die Dynamik der Moderne, die uns anzog.

In einer meisterhaften Reportage hatte Robert Jungk 1952 Amerikas „Griff nach der technischen Allmacht" beschrieben. Seine Diagnose: Die USA trachteten danach, „die vollständige, absolute Herrschaft über das Universum der Natur in allen seinen Erscheinungen zu gewinnen". *Die Zukunft hat schon begonnen* lautete der zugkräftige Titel, den Jungk seinem Bericht gab. Nicht lange, und der Satz wurde sprichwörtlich. Zu einer dynamischen Welt technischen Fortschritts gehörte die Popularisierung solcher Zukunftsorientierung. Unsere Haltung war klar: Science Fiction leistete genau diese Aufgabe.

Damit sind die Themen des nachfolgenden Buchs umrissen: Kino und Kleidung, Musik und Lektüre als jugendliche Auf- und Ausbrüche – samt den Widerständen dagegen – aus einer Welt enger, patriarchalisch geprägter Lebensformen. Nierentische und Tütenlampen, Krawatten und Strickjacken, Kostüme und Hüfthalter, Bubikopf und Fassonschnitt sym-

Als begeisterte party-Leserin
entpuppte sich
Connie Francis in München...

... aber glücklich war sie erst,
als sie endlich
mit Peter beisammen war...

Rainer Eisfeld berichtet vom Connie-Francis

Eine freudigere und begeistertere Aufnahme als in Deutschland kann die knapp 23jährige Connie kaum in ihrer Heimat Amerika finden; das hatte schon die Pressekonferenz am Nachmittag im Münchner „Madame-Club" gezeigt. Minutenlang stand Connie bei ihrem Erscheinen in einem einzigen grellen Blitzlichtgewitter. Dann leuchteten die Scheinwerfer auf, und Connie wurde vom Fernsehen gefilmt, um dem deutschen Publikum noch in der Abendschau des gleichen Tages vorgestellt zu werden. Während für die Presse Sekt und ein kaltes Buffet bereitstanden, labte Connie sich an — Wasser. „Sekt schmeckt wie Medizin", lachte sie dabei.

Mehr ist wohl kaum nötig, um die Natürlichkeit dieses talentierten Mädchens zu zeigen, das in den letzten Wochen Triumphe in Europa feierte wie zuvor nur in den Vereinigten Staaten. Dort ist sie seit 1959 schon dreimal zur beliebtesten Schlagersängerin gewählt worden. „Who's Sorry Now", „Lipstick On Your Collar", „My Happiness", „Where The Boys Are" — die Liste ihrer Schallplattenerfolge hat kein Ende. Fast zwanzig Millionen Platten wurden von ihr verkauft; neun „Goldene" zieren die Wände des gemütlichen, modern eingerichteten Ranchhouses in Bloomfield, das Connie mit ihren Eltern, ihrem Bruder, 220 Stofftieren, einem Hund und einem Kaninchen bewohnt. Natürlich tragen auch die musikalische Namen; der Hund heißt „Mambo" und das Karnickel entsprechend „Cha-Cha-Cha".

Dabei sah es gar nicht immer so rosig für die Karriere des zierlichen Persönchens mit den sehnsüchtigen Augen aus. Ihre musikalische Begabung kam schon früh zum Vorschein; mit fünf Jahren spielte d kleine Mädchen ein großes Akkordeon, mit Zwölf sang sie zum ersten mal im Fernsehen, und mit Fünfzehn unterzeichnete sie einen Sch plattenvertrag. Aber der große Erfolg, der endgültige Durchbruch, li auf sich warten.

Und privaten Kummer hatte Connie dazu. Weil sie so schrecklich ger gut und ausgiebig aß, wog sie mit 14 Jahren fast hundertdrei Pfund — und das bei anderthalb Metern Größe! Erst als sie anfi eine resolute Diät einzuhalten, verlor sie in drei Monaten 40 Pfu Gewicht — und war wieder glücklich.

Nur beruflich wollte und wollte es nicht klappen. Auch nach Gesang rollen in den Filmen „Rock, Rock, Rock" und „Jamboree" gesch nichts Ermutigendes. Da erklärte Connie entschlossen: „Wenn a meiner nächsten Aufnahme nichts wird, steige ich aus und studiere Papa riet ihr eindringlich zu einem letzten Versuch; und "Who's Sor Now" wurde ein Millionen-Hit.

Von nun an ging es mit rasenden Schritten vorwärts. Tourneen führt Connie durch die USA und England. Alle großen Fernsehköni engagierten sie für ihre Shows, von Perry Como bis Ed Sullivan, v Dick Clark bis Jimmie Rodgers. Connie besang Langspielplatten r italienischen, israelischen, spanischen und südamerikanischen Me. dien. Und seit 1960 liegen nicht nur die USA, sondern auch Euro, ihrem Talent zu Füßen. In England, Belgien, Holland und Italien kl terten ihre Schlager in Spitzenpositionen. Für Deutschland nahm

... wo er ihr sagte: „Ich werde dich immer lieben"
und wo sie zu ihm sagte:
„Ich bin nur glücklich, wenn du bei mir bist"...

... wo sie
Tränen in den Augen
hatte ...

Connie Francis und Peter Kraus – war da was?

... und sich das war kein reines Glück,
denn viele Augen waren auf das liebende Paar gerichtet; ihre Hände
fanden sich unter dem Tisch zu einer kurzen, verstohlenen Zärtlichkeit ...

... nur drei Stunden hatten Connie und Peter für sich allein.
Er nahm sie mit zu seiner Mutter
und brachte sie anschließend zum Flugplatz ...

esuch in München: Sie gewann alle Herzen

ihren Hit „Everybody's Somebody's Fool" in deutscher Sprache unter dem Titel „Die Liebe ist ein seltsames Spiel" auf. Er brachte Connie fast eine halbe Million verkaufter Platten in Deutschland allein und im Februar 1961 den „Goldenen Löwen" von Radio Luxemburg vor Caterina Valente und Lale Andersen.
Jetzt startete Connie zu einem Trip, der sie in acht Tagen ebenso viele tausend Kilometer quer durch Europa führte. In Rom, Mailand, Viareggio und Bologna wurde sie auf ihrer Italientournee stürmisch umjubelt. Im Berliner Sportpalast nahm Fernsehkönig Ed Sullivan seine Show „Bericht aus Berlin" mit ihr auf. Mit einem halben Dutzend amerikanischer Topstars, darunter Jazzkönig Satchmo Armstrong und Filmkomiker Jerry Lewis, stand Connie auf der Bühne und sang auf deutsch „Schöner fremder Mann" für 60 Millionen amerikanische Fernsehzuschauer — und für 6000 Angehörige der amerikanischen, englischen und französischen Truppen in Berlin. Connies Verehrer fühlen und wollten sie kaum wieder von der Bühne lassen; besonders die GIs von jenseits des großen Teiches erinnerten sich an ihr Idol und gerieten rein aus dem Häuschen.
Schon am nächsten Tag saß Connie im Münchner „Madame-Club" und berichtete mir von sich und ihren Plänen. Gerade zuvor hatte ich von Producer Gerhard Mendelson erfahren, daß ihr Schlager „Schöner fremder Mann" sich bei uns der 500 000-Grenze nähert und alle Anstalten trifft, „Die Liebe ist ein seltsames Spiel" noch zu überholen.
Jetzt erzählte mir Connie, daß sie insgesamt schon 17 Langspiel- und 50 Normalplatten — alles in allem also weit über 300 Lieder — aufgenommen hat. Dazu kommen noch rund 50 Nummern, die niemals auf Schallplatten erscheinen, weil sie Connie am Ende doch nicht zusagten. Denn — und hier wird mancher deutsche Starsänger vor Neid erblassen — ihr Vertrag sichert Connie zu, daß nur die Aufnahmen veröffentlicht werden, die ihr eigenes Einverständnis haben.
Connies erster Film „Dazu gehören zwei" hat auf beiden Kontinenten, in Amerika und Europa, volle Kassen erzielt. Im Februar wird sie in England ihren nächsten drehen, wieder einen Farbfilm mit dem Arbeitstitel „Cook's Tour". Er spielt zu drei Vierteln unter jungen Leuten auf einem Dampfer mitten im Ozean. Stars aus USA, England, Frankreich, Italien und Deutschland sind mit von der Partie, wie mir Connie verriet.
Überhaupt nimmt Deutschland in Connies Plänen einen immer größeren Raum ein. In den USA verkauft sie im Durchschnitt von j e d e r Platte 600 000 Stück; prozentual liegen aber ihre Verkäufe in Europa höher, wenn man bedenkt, daß die Märkte der einzelnen Länder wesentlich kleiner sind als der amerikanische. Und die höchsten europäischen Verkäufe wiederum hat Connie bei uns in Deutschland erzielt.
Deshalb wird Connie Francis in den kommenden Wochen und Monaten deutsche Schlager von deutschen Komponisten und Textern aufnehmen, die sie dann für Amerika englisch und für unsere Nachbarn jenseits des Rheins französisch singt.

Fortsetzung auf Seite 25

... und sich von Peter wieder einmal für ein paar Monate verabschiedete,
tapfer zwar,
aber traurigen Herzens ...

... während Peter den BMW-Leihwagen,
den er sich Connies wegen besorgt hatte,
wieder in die Garage fuhr.

(Fotos: E. Schneider)

Die letzte *hallo*-Ausgabe mit der Ankündigung jener „Conny-Story", die nie erschien

bolisierten diese Welt. Das war uns alles zu spießig. *rororo*-Taschenbücher und Amerikahäuser samt ihren segensreichen Bibliotheken machten uns mit amerikanischer Literatur bekannt, bevor wir Science Fiction entdeckten. Die deutschen Rundfunksender brauchten wir nicht. Wir hatten AFN, BFN, Radio Luxemburg. Und Eddie-Constantine-Filme lehrten uns Lässigkeit, ehe James Dean und Elvis Presley auf der Bildfläche erschienen.

Lässigkeit – das war der Kern des neuen Lebensgefühls. Wir wollten lässig sein. Wir wollten eine Masche haben.

Am besten sollte alles beim „Alten" bleiben ...

Keine Experimente?
A-bop-bop-a-loom-op a-lop-bop-boom!

„Ich kenn' ne Bar, die ist toll,
dort tanzt man Rock'n'Roll.
So geht das jede Nacht
bis morgens um acht –
Rock'n'Roll hat uns verrückt gemacht! "
Peter Kraus: „Tutti Frutti " (1956)

Westdeutschlands fünfziger Jahre – nichts als Mief und Muff, Nierentische und Tütenlampen? Ausschließlich Hausfrauen mit Hüfthaltern, Familienväter mit Strickjacken und Kreppsohlgang, Jünglinge mit Knickerbockern und Fassonschnitt, Backfische mit Bubikopf und Faltenrock? Auf jeder Leinwand *Weißer Holunder*, *Wenn die Glocken hell erklingen* und *Rosen-Resli*, in jedem Ohr „Seemann, deine Heimat ist das Meer" oder „Nicolo, Nicolo, Nicolino?" Als ersehnte Urlaubsziele Rimini, Cesenatico, Alassio, daheim Schmonzetten über Soraya und den Schah als Tor zur weiten (Märchen-) Welt? Für Zwecke sexueller Aufklärung die Geschichte vom Blümchen und der Biene, als Bollwerk gegen weitergehende Versuchungen den Kuppeleiparagraphen (alte Fassung)? Autoritäre Restauration allenthalben, zugedeckt vom schützenden Mantel propagierter Wertegemeinschaft mit dem Westen?

Kurz: 1950–59 – die bleierne Zeit? So ausschließlich bieder und spießig, dass im verklärenden Rückblick nur übrigbleibt, dem Muff seinen eigenen Charme beizumessen?

Weit gefehlt. Die zweite Hälfte der 50er jedenfalls war mindestens ebenso eine Periode des Aufbruchs wie der Stagnation. Heranwachsende begannen Alternativen zu entdecken, verweigerten Konventionen den Respekt. Sie suchten die engstirnigen Regeln zu unterlaufen, von denen sie sich eingeschnürt fühlten. Sie gingen daran, die rigide Starre autoritärer Kontrollansprüche von Elternhaus, Schule, Behörden abzuschütteln. Ein Teil der westdeutschen Teenager – nicht länger Jünglinge oder Backfische – probte die kulturelle Revolte.

... doch immer mehr Heranwachsende gerieten bei Rock'n'Roll aus dem Häuschen.

Teenager bildeten Cliquen, die die Zensur der Filmselbstkontrolle wie der Bundesprüfstelle für jugendgefährdende Schriften gleichermaßen ad absurdum führten: Sie ließen „Schmutz und Schund"-Romane kursieren, und sie schmuggelten sich in jugendverbotene Filme. Von Eddie Constantine lernten sie, was Lässigkeit hieß, und Françoise Arnoul verschlangen sie beim Nacktbad auf der Leinwand mit den Augen (danach erst kam Brigitte Bardot ...). Die Teens ließen sich elektrisieren vom hämmernden Rhythmus, dem aufpeitschenden Tempo, den losgelassenen Bewegungen des Rock'n'Roll, den ihre Eltern als Hottentotten-Musik diffamierten. Gegen deren Widerstand begannen sie, Nietenhosen zu tragen. Sie frisierten ihr Haar zum Entenschwanz und machten Rabatz bei Rock'n'Roll-Konzerten.

Die unangepasste Aufsässigkeit, die James Dean und Elvis Presley vorführten, wirkten prägend auf sie. Mussten sie beim Tanzkurs weiße Handschuhe tragen, so schwoften sie umso losgelassener in den Hotclubs, die aus dem Boden schossen. Sie hingen an den Sendungen von AFN, BFN, Radio Luxemburg, trampten – wenn es ging – nach London oder Paris. Im Unterricht legten sie sich mit ihren Lehrern an, kassierten Verweise wegen mangelnder „Selbstzucht". Die Welle losgetreten hatte 1955 Bill Haley mit „Rock around the clock" in dem Film *Saat der Gewalt*. Fünf Jahre später hatte Elvis Presley seine Koteletten eingebüßt. Blue Jeans aber gehörten dank des Teenagerprotests zum gängigen Outfit. Rock'n'Roll und eine Prise – auch sexueller – Freiheit ließen sich nicht mehr wegdiktieren.

Selbstredend handelte es sich um Importe. Die entscheidenden Anstöße kamen von außen, von jenseits der Grenzen, vor allem aus Übersee. Das Klischee von der bleiernen Zeit tut so, als habe man in der Bundesrepublik abgeschottet vor sich hingelebt. Für seine Verfechter, könnte man meinen, zählten nur die doktrinären Wertmuster, die westdeutsche Autoritäten damals (re)produzierten. Die Nachkriegsgeneration aber hatte wesentlich andere Bilder von Amerika – oder von Frankreich – im Kopf als ihre Eltern. Nicht zuletzt solche Bilder sorgten dafür, dass Identifikationsangebote aufgegriffen wurden, die dort ihren Ursprung hatten. Diese Angebote trachteten die Jugendlichen auszuleben. Für sie waren die späten 50er Jahre keine bleierne, sondern eine magische Zeit.

„Keine Experimente! " lautete das – mitnichten nur politisch gemeinte – Motto, das damals unter der älteren Generation Zugkraft besaß. Als Wahlkampfparole brachte es 1957 Konrad Adenauer und der CDU/CSU die absolute Mehrheit abgegebener Wählerstimmen. Mochten bald auch die ersten Erdsatelliten starten, mochte die Weltausstellung in Brüssel durch Atomenergie und Raumfahrt geprägt sein: Die überwiegende Zahl älterer Westdeutscher wollte im Verhältnis der Bürger zum Staat, in den Beziehungen der Geschlechter wie der Generationen alles beim „Alten" lassen – im wahrsten, patriarchalisch-autoritären Sinne des Wortes. Jedes frische Lüftchen erschien dieser spießbürgerlichen Majorität als bedrohlicher Tornado. Eben deshalb aber war der Leitspruch „Keine Experimente" einem Teil der Jugendlichen gründlich zuwider. Nichts gibt die Vehemenz, mit der sie sich dagegen wandten, besser wieder als der unartikulierte Aufschrei „A-bop-bop-a-loom-op a-lop bop-boom": Refrain jenes Hits „Tutti Frutti", den Little Richard als erster kreischte, dann Elvis Presley ins Mikrophon heulte, mit dessen eingedeutschter Version („So geht das jede Nacht bis morgens um acht/Rock'n'Roll hat uns verrückt gemacht") schließlich Peter Kraus seine Karriere startete.

Die Generation der Eltern, Nationalsozialismus und Zusammenbruch noch in den Knochen, hatte sich konzentriert auf den Wirtschaftsaufbau, die Beseitigung der Kriegsfolgen. In der Gestaltung ihres Privatlebens, bei Familienrollen und Erziehungsstil, in Freizeit und Urlaub suchte sie „ Halt im Vertrauten" (so der Freiburger Historiker Ulrich Herbert). Oder, anders ausgedrückt: Technische Modernität mochte man willkommen heißen – kulturelle Modernität bekämpfte man. Das Resultat: Eine enge, festgefügte Welt „korrekter" Lebensformen, gegen die die Jugendlichen sich aufbäumten. Wo sie Eltern oder Lehrer als provinziell und hausbacken empfanden, da fühlten sie sich urban und weltläufig.

Teenager verfolgten atemlos Meldungen über Atomenergie, Raketenversuche, Elektronengehirne, die eine noch „amerikanischere" Welt verhießen. Science-Fiction-Romane, übersetzt an den Kiosken erhältlich, popularisierten diese Welt und wurden schnell beliebt. Geradezu als „Feeling aus Rockmusik und Raumschiff Enterprise" ist die Grundstimmung beschrieben worden, die unwiderstehlich zu grassieren begann – angereichert um Eddie Constantines Schnoddrigkeit, James Deans widerspenstige Skepsis, Brigitte Bardots erotische Ungezwungenheit. Dass wir uns in einer Welt behaupten würden, die diese veränderten Maßstäbe spiegelte, davon waren wir in unserem Optimismus überzeugt.

Das zukunftsgewisse jugendliche Lebensgefühl der späten 50er Jahre symbolisierte ein Teenagerhit, der keineswegs von ungefähr aus der völligen Umdeutung eines Gospelsongs entstand. 1957/58 tauchte in den Schlagerparaden und Musikboxen, gesungen von Laurie London, ein Spiritual in modernisierter Form auf: „He" (nämlich Gott –) „he's got the whole world in His hands", er hält die ganze Welt in seiner Hand – das kleinste Kind, dich und mich, jedermann. In der westdeutschen Version dagegen, betitelt „*Du* hast dein Schicksal in der Hand", proklamierte Conny Froboess „den Glauben an sich selber" mit der Konsequenz:

> D'rum haben alle jungen Leute
> hier im Land
> ihr eigenes Schicksal in der Hand.

Was den amerikanischen Reeducation-Offizieren bei den westdeutschen Erwachsenen misslungen war, schafften James Dean und Elvis Presley zehn Jahre später bei den Halbwüchsigen: Sie trieben ihnen die autoritätsfixierte Orientierung am deutschen Wesen gründlich aus.

Eigentlich hätten Adenauer und die CDU enthusiastisch reagieren müssen: Die Hinwendung zum Westen, die sie aus politischen Gründen durchgesetzt hatten, vollzogen die Jugendlichen im kulturellen Bereich mit spontaner Begeisterung nach. Doch indem sie gegen „Ordnung", „Scham" und „Sitte" verstießen, legten die Teenager einen zentralen Widerspruch der Adenauer-Jahre bloß: Trotz aller außenpolitischen Abkehr von deutscher „Eigenart" sollte sich innenpolitisch am „Muff von 1000 Jahren" nichts ernstlich ändern.

Zähmung und Entschärfung:
Der autoritäre Gegendruck

„Je einfacher denken,
ist oft eine wertvolle Gabe Gottes."
Konrad Adenauer (1956)

Während die Jugendlichen freilich mit ekstatischer Begeisterung auf Bill Haleys „Rock-a-Beatin' Boogie" und „See You Later, Alligator", auf Elvis Presleys „Hound Dog" und „All Shook Up" reagierten, behaupteten Vico Torriani und Peter Alexander sich in der Gunst des erwachsenen Publikums, standen an der Spitze der Schlagerparade unverändert Seemannslieder, dargeboten von Lolita oder Freddy. Für die Bundesrepublik galt, was der *SPIEGEL* 1956 in einer Titelstory über Elvis Presley aus den USA berichtete: Eltern wie Jugendliche fassten sich *wechselseitig* an den Kopf. Offen wie insgeheim waren beide der festen Überzeugung, eigentlich könne man die jeweils andere Seite nicht mehr als ganz richtig bezeichnen.

Insbesondere die Väter dieser Generation neigten häufig dazu, ihre Familie zu behandeln wie ihren privaten totalitären Staat. Geprägt durch die vorangegangene, extrem hierarchische soziale und politische Ordnung, waren sie fixiert darauf, dass ihnen Gehorsam entgegengebracht wurde. Auf jede Herausforderung ihrer „Autorität" reagierten sie aggressiv. Äußerungen, wie sie der Film *Die Frühreifen* seinen Vaterfiguren in den Mund legte, stießen bei den jugendlichen Zuschauern deshalb auf Resonanz, weil sie alles andere als untypisch waren: „Halt' deinen frechen Mund!" – „Riskier' hier nicht solche Lippe!" – „In meinem Hause nicht!" – „Weißt *du*, was die Gören miteinander treiben?" – „Ich dulde nicht, dass ..."

Doch, wie schon gesagt: Die Bundesrepublik war dabei, sich zu einer dynamischen Industriegesellschaft zu entwickeln. Eine breite Kluft tat sich auf zwischen dieser rasanten Dynamik und jenen „althergebrachten" kulturellen Werten, die das Alltagsleben nach wie vor bestimmten. Umso mehr stieß die Beschwörung des Vertrauten als „Schutzmechanismus" gegenüber allzu raschem, darum beängstigendem Wandel der Lebensbedingungen auf Resonanz bei den Älteren.

Übertretung rigider Verbote, Missachtung traditioneller Leitbilder wurde schnell gleichgesetzt mit „Hemmungslosigkeit", Hemmungslosigkeit mit „Verkommenheit". Für Bücher, Schlager, Filme, die Tabugrenzen durchbrachen, war eine vertraute Vokabel aus der Nazizeit zur Hand: „zersetzend". Selbst die Katholische Filmkommission für Deutschland zögerte nicht, sich dieses Schmähworts zu bedienen: Filme von „verfänglicher Sinnlichkeit", „dummer Triebhaftigkeit", mit „erotischen Entgleisungen" oder „unfein ausgespielten groben Reizen" wurden verworfen, „zersetzten" sie doch Glauben und Sitte.

Allerdings ließen derartige Ratschläge für „Eltern, Lehrer, Volksbildner, Behörden" sich auch ganz anders als abschreckend deuten. Den aufbegehrenden Jugendlichen lieferten die Schaukästen des katholischen Film-Dienstes eine unverzichtbare Orientierungshilfe. Was dort mit dem Prädikat 3 (Abzuraten) oder gar 4 (Abzulehnen) bewertet wurde, löste die Reaktion aus: „Nichts wie hin!"

Wie reagierten die besorgten Autoritäten des öffentlichen Lebens auf solche und andere rebellischen Regungen? Wie suchten sie die Lust der Teenager am selbstbestimmten Experiment zu zügeln, ihrem Entfaltungsdrang die antiautoritäre Spitze abzubrechen?

Ideologischer Integrationsdruck war das vertrauteste und bequemste Mittel. „Jeder ist nur das wert, was er im Interesse seiner Gemeinschaft leistet", dekretierte der „moderne" Knigge in seiner 36., „durchgesehenen" Auflage (1955). Von Kindesbeinen an – auch und gerade „der Junge auf der Schwelle zum Mannestum, das Mädchen auf der Entwicklungsstufe zur Jungfrau" – habe man sich „zu läutern", um ein „wertvolles Glied in der großen Kette zu werden, die aus grauer Vergangenheit in die fernste Zukunft reicht."

Das klang nicht bloß nach vorgestern. Das wurde auch mit „bewährter" Strenge durchgesetzt.

Neben den ideologischen trat der reale Zwang. Lehrlingen bläute man ein, gegebenenfalls würde „unnachsichtig durchgegriffen". „Elementen", die sich nicht „fügen" wollten, drohte der Ausschluss „aus der Gemeinschaft" – und zwar „rücksichtslos". Entsprechendes widerfuhr Schülern, die sich nicht mit genügend „sittlichem Ernst" dem „überzeitlichen Bildungsgut" widmeten, die „geistige Zucht" vermissen ließen beim „Ringen" um das „Erbe der Jahrtausende". Brachten Klassenbucheinträ-

Heinz Rühmann zeigte Peter Kraus, wo's lang ging ...

ge und schriftliche Verweise sie nicht zur Räson, riskierten sie wegen „charakterlicher Unreife" den Hinauswurf aus dem Gymnasium.

Die westdeutsche Film- und Schlagerbranche spielten mit bei dem Bestreben, zurechtzubiegen, was da aus Amerika, teilweise auch aus Frankreich herüberschwappte. „Anpassung an vertraute Strickmuster" hieß die Strategie, die Schlagertexter wie Filmemacher allenthalben einschlugen – teils aus purer Bequemlichkeit, teils aus Furcht vor unwillkommenem Echo bei Kirche und Behörden, das am Ende gewinnabträglich wirken mochte.

Beispiel Schlager: Im gleichnamigen Titelsong des Elvis-Presley-Films *Jailhouse Rock* sorgte eine Knastband für Rhythmus hinter Gittern, dass die Zellenwände wackelten. Das roch nach Jugendkriminalität à la *Saat der Gewalt* – damit hatten bundesrepublikanische Plattenfirmen nichts im Sinn. Also griff man bei der deutschen Fassung ungeniert zurück auf die schnulzige Seemannsromantik, die sich als Kassenschlager bewährt hatte. Der *Knastrock* mutierte zum *Hafen*-Rock: „Der Jimmy hatte immer nur im Dock zu tun", säuselte Peter Kraus, unterlegt mit einigen Gicksern und einem mäßigen Beat, „dort, wo die großen Schiffe von der Reise ruh'n. Der Jimmy träumte Wunder von den fremden Frau'n, d'rum wollt' er selber mal in ihre Augen schau'n ..." und so weiter. Nicht anders „Hula Baby" (Peter Kraus) oder „Holiday in Honolulu" (Conny Froboess) – Schluckauf-Versionen der Art von Schmalz, mit dem Lale Andersen, das Hula Hawaiian Quartett, René Carol seit 1949 das Fernweh des westdeutschen Publikums gestillt hatten.

Beispiel Film: Der Streifen *Wenn die Conny mit dem Peter* setzte auf die gleichen Verkleidungs- und Verwechslungsschwänke, die der Nachkriegsfilm in der Bundesrepublik seinen Zuschauern von jeher aufgetischt hatte. Mit der Figur des pfiffigen Mäzens – Generaldirektor (!) Werneck, gespielt von Rudolf Vogel –, der sich als Hausmeister getarnt einschlich, um in der von ihm gestifteten Privatschule (!) nach dem Rechten zu sehen, war aber noch eine andere Lektion verbunden: Den Jugendlichen wurde demonstriert, dass es ohne erwachsene Hilfe nicht ging. Damit nämlich alles wieder ins Lot kam und Peter mit Conny weiter Musik machen konnte, bedurfte es eines Stipendiums, erneut gestiftet von dem Wohltäter Werneck.

Der Verwechslungsklamauk, „zeitgemäß" in Blue Jeans und Petticoat verpackt, trieb immer weitere Blüten. Da tummelte sich Peter Kraus, mit Indianerfedern als 14-Jähriger kostümiert, auf der Leinwand, weil seine geschiedene Mama ihrem neuesten Verehrer laut Drehbuch zehn Lebensjahre verschwiegen hatte und natürlich keinen fast erwachsenen

Rock Around The Clock...

Ausgelassen sind diese jungen Menschen, manchmal sogar übermütig! Warum nicht? Auch wenn sie hin und wieder einmal mehr oder weniger graziös nach zündenden Rhythmen umeinanderhüpfen, stehen die meisten von ihnen doch „mit beiden Füßen auf der Erde".

Wohl jeder von ihnen hat tagsüber in Beruf oder Schule etwas Ordentliches geleistet. Ihre Limonade oder das Bierchen bezahlen sie vom selbstverdienten Anfangslohn oder gern gewährten Taschengeld.

Die einen gehen auf den Sportplatz, die anderen ins Kino. Diese suchen Zerstreuung beim Tanz im Stil unserer Zeit - beim Rock 'n' Roll.

Wer etwas leistet, wer voranstrebt, verantwortungsbewußt selbst im kleinsten Bereich - kurzum, wer willens ist, all die Chancen zu nützen, die ihm unsere Soziale Marktwirtschaft bietet, der „verliert" sich nicht bei harmlosen Formen der Entspannung.

Der Weg, den unsere Jugend vor sich hat, führt - Fleiß, Leistung und Ausdauer vorausgesetzt - zur weiteren Ausbreitung des Wohlstandes. Das weiß die Jugend von heute. Diese Gewißheit macht sie sicher und unbeschwert und läßt sie auf ihre eigene Kraft vertrauen.

COUPON
„Mit beiden Füßen auf der Erde" – Eine unterhaltsame und aufschlußreiche Broschüre über die Soziale Marktwirtschaft.
Kostenloser Bezug durch DIE WAAGE, Gemeinschaft zur Förderung des Sozialen Ausgleichs e. V., Köln a. Rh., Schildergasse 32-34.
Name:
Beruf:
Anschrift:

 Unsere Soziale Marktwirtschaft ist eine gesunde Wirtschaft!

Die Waage · Gemeinschaft zur Förderung des Sozialen Ausgleiches e.V. · Vorsitzer Franz Greiss · Köln/Rh. · Schildergasse 32-34

... und überhaupt wurde „zeitgemäß" verpackte Zähmung groß geschrieben.

Sprössling haben konnte (*Alle lieben Peter*). Da büxte Fred Bertelmann als Connys singender großer Filmbruder zeitweilig seiner Verlobten aus, indem er verkleidet und „inkognito" noch einmal das Junggesellenleben genoss (*Wenn das mein großer Bruder wüsste*). Da schlüpfte Conny Froboess selbst in eine Jungenrolle, weil sonst der amerikanische Austauschschüler, auf den sie doch sooo gespannt war, gleich wieder zurückgeschickt worden wäre (*Hula-Hopp, Conny*).

Dergestalt kam dem westdeutschen Teenagerfilm das letzte Quäntchen Realismus abhanden. Zugleich wurde dem jugendlichen Publikum nach Kräften suggeriert, dass sich vordergründig zwar das eine oder andere geändert haben mochte, genau genommen aber alles beim alten geblieben war.

Vor allem war es derartigen Verballhornungen amerikanischer Anstöße darum zu tun, *eines* möglichst nachdrücklich zu demonstrieren:

Keinesfalls durften die Jugendlichen sich selbst durchsetzen, ihre Ziele aus eigener Kraft verwirklichen. Stets sollte ihr Erfolg gebunden bleiben an die Legitimation durch die ältere Generation – den (als Sänger bereits erfolgreichen) „großen Bruder", den noch erfolgreicheren „Generaldirektor" (Respekt erheischendes Symbol des Nachkriegsaufstiegs), selbst den unverblümt autoritären Lehrer, der sich (siehe *Der Pauker* mit Heinz Rühmann *und* Peter Kraus) am Ende als verständnisvoller, gar „moderner" Pädagoge entpuppte.

Auch jenseits des Rheins und des Atlantik präsentierten die Idole sich bald konformistischer. Die Entschärfungs-, die Zähmungsmechanismen wirkten allerorten. 1960 warb eine *SPIEGEL*-Anzeige mit „Rock around the Clock" für die Soziale Marktwirtschaft, und Elvis Presley war seine Koteletten los.

Doch ohne einschneidende Konzessionen gegenüber dem Aufbegehren der Teenager ging es dabei nicht ab:

Nie wieder sollte die Erziehung zu „Artigkeit" und Gehorsam in Westdeutschland so funktionieren wie zuvor; sollten Kleidungsverhalten, Frisurstil, Musikgeschmack derart elternbestimmt sein; sollte jugendliche „Unkeuschheit" so rigoros tabuisiert werden, jugendliches Bedürfnis nach Individualität dermaßen zurücktreten hinter der Einordnung in Familie, Schulklasse, Gemeinschaft.

Vor schräg gestellten Stuhl-/Tisch-) Beinen gab's jahrelang kein Entrinnen.

Trag blau statt grün –
das ist die Farbe der Treue

> „Vielfach sind die Esstische mit Resopal oder Formica bezogen, die Stühle und Sessel mit stoff- oder lederähnlichen Plastiks. Sie zeigen eine wunderbare Leuchtkraft der Farbe und einen feinen Glanz der Oberfläche."
>
> Ruth & Sybille Geyer (1955)

In Westdeutschland hatte das Wirtschaftswunder sich durchaus zögerlich angelassen. Zum geflügelten Wort für die Aufbauleistung der Mütter und Väter wurde der Begriff erst Mitte der 50er Jahre. Niedrige Löhne, niedrige Renten, geringe Sozialhilfe (damals „Fürsorge" genannt) gehörten zur Realität des Wiederaufstiegs. „Wenn man sich ein Kleid kauft, muss es mindestens zwei Jahre halten", mahnte Lilo Aureden noch 1955 in einem bald hunderttausendfach verbreiteten Ratgeber (griffiger Titel: „Schön sein – schön bleiben"). Und: „Kein Kleid der Welt" sei es wert, „deswegen auf den notwendigen Urlaub zu verzichten."

Wie bei der Kleidung, so beim Wohnen. Erschwinglich mussten die Möbel sein, das Material nicht zu teuer. Pressholz verdrängte Massivholz, Keramik trat an die Stelle von Porzellan, Fußböden aus Stragula ersetzten Holz oder Linoleum. Mindestens ein wuchtiger Wohnzimmerschrank, Modell „Gelsenkirchener Barock", blieb trotzdem erstrebtes Ziel, signalisierte er doch Solidität und das Gefühl, „wieder angekommen" zu sein.

Asymmetrisch geformte Nieren- oder Palettentische; bürstenbewehrte Tischroller zur Beseitigung ordnungswidriger Krümel; Stühle beziehungsweise Sitz„schalen" mit schräg angesetzten Beinen; an den Wänden Teller mit stilisierten Kranichen oder Drucke von Bernard Buffet; Tütenlampen mit (nach kurzer Zeit angeschmorten) Pergamentpapier-Schirmen; fürs gesellige Beisammensein bunte Bowlenschüsseln und Salzstangenhalter aus farbig eloxiertem Drahtgeflecht – so sah das Wohnambiente aus, in das die Teenager hineinwuchsen.

Zum süßen Malaga oder Tarragona (Friedel Hensch und die Cyprys: „Frau Adelgunde Schmidt, die hat am Strand entdeckt / dass jeder Kuss direkt / nach Tarragona schmeckt") – zu solchen südlichen Sorten offerierten kuriose Figürchen Salzstangen in wunderlichen Haltern.

Neubauwohnungen waren häufig klein und eng, kombinierte Wohn-Schlafzimmer deshalb populär. Kennzeichen: Die ausziehbare Couch oder das hochschwenkbare Klappbett. Wenige Griffe, und aus dem Tagessofa wurde eine Schlafliege, das Klappbett verschwand hinter einem bunten Vorhang. Nach dem Grau der Trümmerjahre waren nicht bloß an Wänden oder Fenstern farbige Tapeten, lebhafte Muster und Ornamente gefragt. Für zusätzliche Farbtupfer sorgten exotische Figuren, voran die allseits beliebte tanzende Afrikanerin – schwarz lackiert, mit buntem Lendenschurz.

Gemütliche Ausstattung des trauten Heims, harmonische Gestaltung des Familienlebens nahmen die vordersten Ränge ein unter den Ratschlägen, wie sie Wochenblättchen und Benimmbücher unablässig verbreiteten. Kein Wunder: In Zusammenbruch und Nachkriegszeit hatte die Familie sich als Solidargemeinschaft bewährt. Sie als Rückzugsort zu erhalten, rangierte ebenso an oberster Stelle wie der Wunsch der oftmals „Ausgebombten", wieder halbwegs komfortabel zu wohnen. Und möglichst idyllisch außerdem: 1956 erklärte mehr als die Hälfte aller Bundesbürger den Gartenzwerg zur idealen Zierfigur.

Mochte das Wohnzimmer noch so anheimelnd ausstaffiert sein – weit öfter saßen alt und jung im einzigen, von früh bis spät warmen Raum zusammen: in der Küche. Der Herd wurde mit Briketts und Eierkohlen beheizt, die der Händler in den Keller kippte. Morgens die Asche vom Vortag zu entsorgen, mit Papier und Holzspänen das Feuer zu entfachen, war Sache der Hausfrau. Die Kohlen trugen die Jugendlichen nach oben. Im Winter, bei Schnee oder Eis, wurde mit der Herdasche auf den Bürgersteigen gestreut.

Farbigkeit sollte nach herrschender Meinung zwar den Wohnbereich auszeichnen. Bei der Männerkleidung war sie dagegen verpönt. Hier klammerte man sich geradezu an Korrektheit. „Knallige" Hemden verrieten schlechten Geschmack. Farbenfrohe Socken, leuchtende Taschentücher, selbst bunte Schirme – alles unstatthaft. Dafür trugen die Väter Hut, sowie sie den Fuß vor die Tür setzten, gleichgültig, ob zu Mantel oder Anzug. In der patriarchalisch geprägten Gesellschaft galt der Hut als Autoritätssymbol. Hüte gehörten so sehr zur unverzichtbaren Ausstattung, dass der „moderne" Knigge die bedeutungsschwere Frage erwog, ob denn der „Herr" beim Einkaufen den Hut aufbehielte. Fazit: Selbst am Marktstand das Teil sicherheitshalber grüßend ziehen und nur dann gleich wieder aufsetzen, wenn „Kälte und Zugluft" dazu zwangen.

Der Knigge blieb keineswegs das einzige Benimmbuch. Über hundert solcher Ratgeber erschienen im Lauf der 50er Jahre. Gemeinsam war ihnen, dass sie so taten, als lieferten sie lediglich Anleitungen. In Wirklichkeit machten sie ihren Lesern kaum verhüllte Vorschriften. Beispiel Lilo Aureden unter der Überschrift „Geschmack wichtiger als Mode": „Vermeiden Sie alles, was auffällt! Schließlich wollen Sie gefallen und nicht verblüffen."

Geordnet und ordentlich sollte es nach den „Wirren" der 40er Jahre wieder zugehen. *Was* ordentlich war, entschieden die Verfasser(innen) der Anstandswälzer. Schlips und Bügelfalte gehörten beim Mann in jedem Fall dazu. Suggestivfrage: Was trägt man „niemals"? Antwort: „Keine Krawatte!" Auch in den eigenen vier Wänden: Der deutsche Mann jener Jahre setzte sich mit Schlips zum Abendbrot nieder.

Und die deutsche Frau? Sie rauchte natürlich immer noch nicht, jedenfalls nicht auf der Straße. Es sei denn, sie war eben keine deutsche Frau, „sondern Amerikanerin".

Erica Pappritz, Vortragende Legationsrätin im Auswärtigen Amt, und der Journalist Karlheinz Graudenz, die dies dekretierten, hatten jenen legendären Wälzer von sage und schreibe fünfhundert Seiten, betitelt *Buch der Etikette*, verfasst, der den Vogel unter den Benimmbüchern abschoss:

Beide Geschlechter wurden darin ermahnt, während der Toilettenbenutzung öfter an der Kette zu ziehen, mit dem Ziel einer „diskreten Neutralisierung unerwünschter Geräuschkulissen". Der *SPIEGEL* süffisant: „Die Eti-Kette".

Jackett und Krawatte des „Herrn" entsprach bei der „Dame" das figurbetonte Kostüm, selbstredend in gedeckten Farben, von Graudenz/ Pappritz zum „Fels in der Brandung modischer Stürme" erklärt. Was aber „Modetorheiten" anging, wusste die moderne Frau selber Rat: Sie informierte sich über den letzten Pariser Schrei – X-Linie, dann wieder Sackkleid; Christian Diors heute extrem weite, morgen bleistiftung anliegende Röcke – in der Zeitschrift *Burda Moden*, der die clevere Verlegerin Schnittmusterbogen beilegen ließ. Solche Bogen waren längst bekannt – Bedeutung verlieh ihnen erst ihre massenhafte Auflage. Mit Kopierrädchen oder Kreide ließen die Konturen sich auf Stoffe übertragen, die Modelle anschließend an der Nähmaschine preiswert nachschneidern.

Haute Couture in Heimarbeit ...

Motto blieb dennoch, wie beim Mann: Bloß keine Extravaganz! Blusen und Röcke mit Plissierfalten waren gefragt, ebenso braves weißes Pikee. Mochten für Männer lange Unterhosen tabu sein – Frauen trugen Hüfthalter. Sie konnten gar nicht anders: Die Strumpfhose harrte erst der

Erfindung. Auch die neuen Perlons oder Nylons (noch inklusive Mittelnaht!) hielten nicht von selbst. Mit Ösen und Knöpfen mussten sie an den Bändern des Hüfthalters verankert werden. Wie peinlich, wenn die Befestigung riss – just in dem Augenblick natürlich, wo das Malheur die Trägerin „in die größte Verlegenheit bringt" (Aureden).

Im Übrigen hatten Hüfthalter keineswegs bloß die Aufgabe, den Strumpf zu sichern. Als „Edelformer" angepriesen, brachten sie zum Verschwinden, was das Schönheitsempfinden der Trägerinnen störte. Somit waren sie neben BHs für Lilo Aureden „die wichtigsten Wäschestücke" der Frau.

Was weibliche Gemüter damals jedoch wirklich bewegte, waren Form und Länge der von Dior kreierten Röcke. Wie kurz unterm Knie durfte der Saum enden? Wie viel Bein konnte man guten Gewissens zeigen? Der bewegungsfreundliche „Dior-Schlitz" im engen Rock, das gerade noch bedeckte Knie – höchst spannende Entwicklungen, wenn man zwar nicht *auf*fallen wollte, ganz bestimmt aber *ge*fallen in dieser männerbestimmten Gesellschaft ...

Taschenbuch fürs Taschengeld:
Die gelumbeckte Kulturrevolte

> „Bis zum März 1952 erschienen 50 rororo Taschenbücher in insgesamt 3 Millionen fünfzigtausend Exemplaren. Heute wird alle 5 Sekunden ein rororo Taschenbuch gekauft. Die Umschläge zeigen ein bewusst anreißerisches Gesicht – ihre Aufgabe ist es, den Blick zu fangen. Einen völlig neuen Weg, die Herstellungskosten zu senken, beging der Verlag, indem er in jedem Taschenbuch eine Seite für die Reklame einer Zigarettenfabrik zur Verfügung stellte."
>
> Kurt Marek (C. W. Ceram) 1952

Naziregime und Krieg hatten die Generation der Mütter und Väter vom Ausland abgeschnürt, hatten außer Appetit auf Windbeutel und Sahnetorte, Schnitzel und Schinken auch Lesehunger hinterlassen. Ernst Rowohlt stillte ihn ab 1950 in Gestalt billiger, darum attraktiver Bände: *rororo* Taschenbücher, Kostenpunkt 1 Mark 50. Sie waren kartoniert, glanzkaschiert, geklebt („gelumbeckt") – und viele Jahre lang mit Leinenrücken versehen, damit sie seriöser wirkten.

Was die Nazis verboten oder gar nicht erst hereingelassen hatten, wurde nun (wieder) gedruckt: Tucholsky, Traven, Ringelnatz; amerikanische, englische, französische Autoren in immer größerer Zahl – Faulkner und Hemingway, Steinbeck und Greene, Camus und Sartre. Rowohlts „gelumbeckte Kulturrevolte" öffnete alten wie jungen Zeitgenossen das literarische Tor zur Welt.

Am unbeschwertesten von allen ästhetischen Bedenken griffen bald die Teenager nach den billigen Bänden. Bald wurden sie zur Generation des Taschenbuchs. Nicht umsonst zählte „Taschenbuch für Taschengeld" zu Rowohlts Reklamesprüchen.

Mit *Der alte Mann und das Meer* – als nobelpreiswürdig befunden – schaffte Ernest Hemingway die Aufnahme in die gymnasialen Lehrpläne. Rowohlts Taschenbücher erhielten die höheren Weihen schulischen Lesefutters, rückten allmählich an die Stelle der vertrauten Reclam-Hefte.

Doch da hatten wir Hemingway längst selber als Autor entdeckt, dessen handfeste Themen und lakonische Sprache wie zugeschnitten auf unsere Bedürfnisse wirkten:

„Sie werden ihn killen."
„Werden sie sicher."
„Er war wohl in Chicago in irgendwas verwickelt."
„Wahrscheinlich", sagte Nick.
„Es ist eine verteufelte Sache!"
„Es ist eine scheußliche Sache", sagte Nick.
Sie sagten nichts. George langte nach seinem Lappen und wischte die Theke ab.
„Was er wohl ausgefressen hat?" sagte Nick.
„Sicher wen reingelegt. Dafür killen sie einen."

Das Understatement, die stoische Perspektive sprachen uns an, ebenso die knappen, aufs Äußerste reduzierten Sätze, deren unterschwellige Implikationen wir erraten mussten – wie in „Die Killer", so in *Fiesta*:

„Ein Kellner holte ein Taxi. Der Chauffeur fuhr an, ich lehnte mich zurück. Brett rückte dicht an mich heran. Es war sehr heiß und hell, und die Häuser sahen stechend weiß aus. Wir kamen auf die Gran Vía.
„Ach, Jake", sagte Brett. „Wir hätten so glücklich zusammen sein können."
Vor uns hielt ein berittener Schutzmann in Khaki, der den Verkehr regelte. Er hob seinen Stab. Das Auto stoppte plötzlich und warf Brett an mich.
„Ja", sagte ich. „Ganz schön, sich das auszumalen, nicht wahr."

Wer *Fiesta* las, erfuhr, dass Hemingway den Roman 27-jährig geschrieben, zuvor am 1. Weltkrieg teilgenommen hatte, dabei schwer verwundet worden war. *Fiesta* handelte denn auch von den Gestalten einer „lost generation", die der Krieg für immer gezeichnet hatte. Einer Generation „ohne Bindung und ohne Tiefe, ohne Heimat und ohne Abschied" rechnete sich noch mehr jener Autor zu, dem Nazihaft und 2. Weltkrieg die Gesundheit ruiniert hatten, der 1947 mit 26 Jahren gestorben war: Wolfgang Borchert.

Mitte der 50er Jahre erschien sein Erzählband *Draußen von der Tür* als Taschenbuch bei Rowohlt. Zahlreiche Jugendliche beeindruckte Borchert nicht minder als Hemingway. „Draußen vor der Tür" hieß das Theaterstück, dessen Uraufführung in Hamburg er nicht mehr erlebt hatte: die Erzählung von dem zutiefst verstörten, andere entsprechend verstörenden Heimkehrer Beckmann, vor dem alle Türen zuschlugen, dem keiner Antwort gab auf seine verzweifelten Fragen, am wenigsten sein einstiger Oberst.

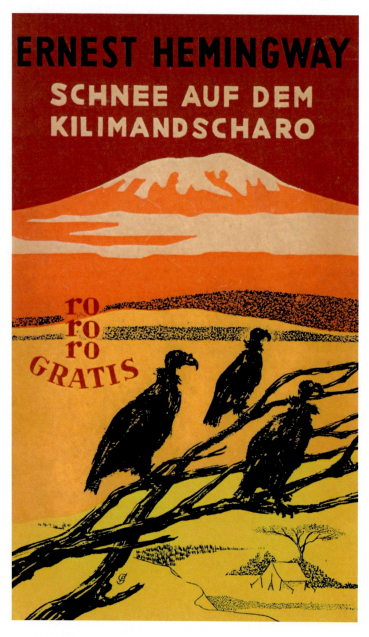

Schmal, doch gewichtig: Hemingways *Schnee auf dem Kilimandscharo* bei rororo (verfilmt mit Ava Gardner, Gregory Peck und Hildegard Knef)

Borchert-Auswahl (1956): „Wir werden nie mehr antreten auf einen Pfiff hin und Jawohl sagen auf ein Gebrüll ..."

Aber mochte Borchert sich auch der Generation ohne Abschied zugehörig fühlen, „die sich davonstiehlt wie Diebe, weil sie Angst hat vor dem Schrei ihres Herzens" – verloren war diese Generation für ihn darum nicht:

„Wir sind eine Generation der Ankunft. Vielleicht sind wir eine Generation voller Ankunft auf einem neuen Stern, in einem neuen Leben ... Vielleicht sind wir voller Ankunft zu einem neuen Lieben, zu einem neuen Lachen ... Wir sind eine Generation ohne Abschied, aber wir wissen, dass alle Ankunft uns gehört."

Dass Borcherts Stil wie besessen wirkte, dass er buchstäblich im Wettlauf mit dem Tod schrieb, war schon früher registriert worden. Wie sehr er die Unmenschlichkeiten des Krieges verabscheute, sprach aus jeder Zeile seines schmalen Werks. Dass in seinen sensiblen Stil sich romantisches Pathos mischte, auch buchstäbliche Gier nach einem endlich lebenswerten Leben, inklusive „mädchenklirrender Nächte wie Jazz: heiß und hektisch, erregt", brachte ihn uns noch näher. Dass er ungeduldig schrieb, sich als „Neinsager" bekannte, die Abgründe „abendländischen Bildungsguts" beim Namen nannte („Kennst du Hölderlin noch, blutberauscht, Arm in Arm mit Baldur von Schirach?"), kontrastierte mit dem behäbigen Konformismus unserer Umgebung.

Stand Teenagern der Sinn nach leichterer Kost, konnten sie problemlos nach dem zweiten oder dritten Band der *rororo*-Reihe greifen, nach Kurt Tucholskys *Schloß Gripsholm* oder Rudyard Kiplings *Dschungelbuch*. Sie konnten wie Tucholsky und seine „Prinzessin" auf der sommerlichen Wiese liegen und die Seele baumeln lassen. Sie konnten aber auch verfolgen, wie Kiplings Inderjunge Mowgli und die Sioni-Wölfe – samt dem Bären Balu und dem schwarzen Panther Baghira – durch den indischen Dschungel streiften. Gelangten sie dann zur Werbeseite für Fox-Zigaretten, stellten sie fest, dass die Reklamefuzzies (der Szeneausdruck entstammte den „Fuzzy"-Western, die so manchen Sonntagvormittag verkürzten) sich mächtig angestrengt hatten, damit ihr Text zum Roman passte:

„Menschen müssen immer etwas tun mit ihrem Mund", sagt Baghira, der Panther. „Wenn sie nicht reden oder essen, dann müssen sie rauchen." Der Geruch des Tabaks ist für die Tiere der Dschungel ein Merkmal der Menschen. Sie stecken sich einen ‚glühenden Ast' in den Mund und atmen Rauchwolken aus.

„Es muss etwas Wunderbares daran sein", sagen die Tiere. Und das ist es auch.

Bei Millionen von Rauchern heißt er FOX, der kleine „glühende Ast."

Für Jugendliche durchaus nachvollziehbar – fingen die meisten von uns doch gerade mehr oder minder heimlich an, selber die ersten Lungenzüge auszuprobieren.

Anderswo proklamierte die Fox den „amerikanischen Schwung" ihrer Tabakmischung (Virginia plus Orient), kombiniert mit „orientalischer Gelassenheit". Kamen die Reklameparolen der Zigarettenmarken freilich gar zu abgedroschen daher („Leicht bekömmlich muss es sein / wie die Overstolz vom Rhein"), setzten die Teenager ihnen eigene flapsige Sprüche entgegen: „Siehst du die Gräber dort im Tal? Das waren Raucher von Reval!" Dass der Zug am Glimmstängel aber Freiheit und Abenteuer symbolisierte, brauchte keine Werbung ihnen erst einzubläuen. Das stand für diese Generation außer Frage.

Eddie, wenn das deine Mutti wüsste

„Während der großen Pause herrschte im Sekretariat immer gewaltiges Gedränge. Bei der Gelegenheit musste man aufkreuzen und behaupten, der Schülerausweis wäre weg – verloren, verlegt, was weiß ich. Jedenfalls benötige man dringend Ersatz zum Kauf der verbilligten Buskarte. Hatte die Sekretärin die Formulare hervorgekramt, kam es darauf an, treuherzig zu sagen: ‚Mein Gott, was für ein Betrieb. Frau Berger, machen Sie sich keine Umstände. Ich fülle das Ding schon aus. Wenn Sie nur stempeln und unterschreiben würden.' Weil sie uns kannte, funktionierte das in der Regel. Anschließend brauchte man bloß noch ein falsches Geburtsdatum einzutragen. Dann konnte man den Ausweis ruhigen Gewissens bei der Kontrolle an der Kinokasse vorzeigen. Viele von uns waren 1955 noch keine 16, geschweige denn 18. Filme mit Eddie Constantine oder Françoise Arnoul wären uns glatt entgangen. Die musste man aber gesehen haben, wenn man mitreden wollte."

Ehemaliger Gymnasiast

Vor allem den „vitaleren Teil der Bevölkerung" treibe es, so wusste der *SPIEGEL* während der zweiten Hälfte der 50er Jahre mitzuteilen, in Westdeutschlands bevorzugten Filmimport aus Frankreich: harte, mit Sex und Keilereien angereicherte Kriminalreißer. Wie wahr – zählten doch Halbwüchsige ab 14 unzweifelhaft zur „vitaleren" Gruppe.

Im Kino dieser Jahre wurden ständig kulturelle Konflikte ausgetragen. Auf der einen Seite: der westdeutsche Nachkriegsfilm, dessen biedersentimentale Erzeugnisse heute nur komisch anmuten. (Was nichts daran ändert, dass dieser Film seinerzeit – und zwar mit massiver Unterstützung öffentlicher Stellen – darauf bestand, sehr ernst genommen zu werden.) Auf der anderen Seite: Importfilme, die zumal für Jugendliche attraktiv waren, weil sie über Atmosphäre verfügten, Autoritäten auf die Schippe nahmen, Gags mit leichter Hand servierten, auch optisch virtuos wirkten.

Heimat-, Arzt-, Lustspiel-, Militär- und Monarchiefilme beherrschten die westdeutsche Eigenproduktion. Sie steuerten ihren Teil dazu bei, den Schein einer heilen – ebenso autoritären wie vormodernen – Welt zu verfestigen. Mit stereotyper Regelmäßigkeit sanken schmachtende oder kesse Sprechstundenhilfen, Wirtstöchter, Sekretärinnen nach einigen obligaten Wirrungen, eingerahmt von Schwarzwald-, Alpen- beziehungsweise Heideidyllen, in die Arme patriarchalischer Bergbauern, Oberförster oder Landärzte. Gemeinsamer Nenner: Einfallslosigkeit, läppischer Klamauk, verlogene Moralität. Motto: nirgends anstoßen, niemandem wehtun.

Doch die Zeiten waren vorbei, in denen man sich in Deutschland jede „Einmischung" von außen, ob in puncto Film oder sonst wo, mit Brachialgewalt verbeten hatte. Seit 1946 drängten amerikanische, französische, britische Filme auf den westdeutschen Markt. Ein beträchtlicher Teil dieser Streifen war, wie man damals zu sagen pflegte, „liberaler" als die Erzeugnisse der Bundesrepublik – gegenwartsnäher (oder, wie beim Western, zeitloser), ironischer und aggressiver, urbaner, nicht selten toleranter. Selbst eine so simpel gestrickte Abenteuerstory wie *Im Zeichen des Zorro* illustriert, welche Einfallstore in bundesdeutsche Klischees sich hier auftaten:

Die offizielle Autoritätsfigur, der Alkalde von Los Angeles, wurde als ebenso korrupt und skrupellos wie unfähig und despotisch vorgeführt. Um sein eigenes Versagen zu tarnen, warf er periodisch die Arme in die Luft und schrie: „Ich bin von Idioten umgeben!" Ihn zu stürzen, gelang seinen adligen Gegnern dennoch erst, als die breiten Massen der ausgebeuteten Bauern sich auf ihre Seite schlugen, ermutigt durch die tollkühnen Überfälle des maskierten Zorro. Und natürlich lud Zorro, Rächer der Unterdrückten mit behendem Degen und flinker Zunge, gerade jugendliche Zuschauer ein, sich begeistert mit ihm zu identifizieren.

Im Zeichen des Zorro war alles andere als ein Einzelfall. Die Sehnsüchte und Identifikationsmechanismen, die damals am Werk waren, hat Franz-Josef Degenhardt eindringlich beschrieben, als er in einem seiner Lieder den bundesdeutschen Samstagnachmittag der späten 50er Jahre schilderte:

> Erst um acht begann der Film,
> doch vor dem Kino stand'st du schon um drei.
> Und du wartetest auf Marlon Brando
> und die andern Jungens aus Brooklyn,
> und du rauchtest so wie Richard Widmark,
> stand'st wie Frankie wiegend in den Knien.

Letztmalig vor dem Durchbruch des Fernsehens auch in Westdeutschland bot sich das Kino als ein Ort an, der aus jugendlicher Sicht mehrere unentbehrliche Funktionen erfüllte. Cliquen diente es als bevorzugtes Ziel: Man traf sich dort oder zog gemeinsam hin, redete sich anschließend im Eiscafé, in der Milchbar die Köpfe heiß. Verliebten Teenagern lieferte es einen Zufluchtsort: Nirgends konnten sie sich so ungestört küssen wie in den hinteren Reihen, während der Hauptfilm lief. Und das

Kino entführte nicht nur aus den Ordnungs- und Anstandsauflagen des Alltags. Es schuf auch Raum für gegenläufige Phantasien. Deswegen fungierte es als wichtige Sozialisationsinstanz: Im Einklang wie im Konflikt mit Schule, Kirche, Elternhaus war das Kino in der Lage, anderswo geförderte Einstellungen entweder zu verstärken oder ganz erheblich abzuschwächen. Dem katholischen Familienminister war dieser Umstand durchaus bewusst. Dass im Mittelpunkt vieler Filme „das Erotische" stünde, prangerte Franz-Josef Wuermeling nach Kräften an. Am liebsten hätte er gegen jenes Kino, dem er die weitgehende Verantwortung für „die Zerstörung von Ehe und Familie" zuschob, die Zensur des gesunden Volksempfindens mobilisiert. Auch so aber diente die Freiwillige Selbstkontrolle der Filmwirtschaft praktisch als Zensurbehörde: Sie schrieb vor, ab welchem Alter – 12, 16 oder 18 – Jugendlichen ein bestimmter Film „zugemutet" werden konnte.

Die Kontrollen waren gewöhnlich scharf. „Morgen", wusste ein Kinokassierer damals, stellvertretend für viele andere, der örtlichen Zeitung zu berichten, „habe ich eine Menge Jugendlicher hier stehen, denn es läuft ein Film mit Jugendverbot. Mit allen möglichen Tricks versuchen sie durch die Kontrolle zu kommen. Ich muss sie sämtlich wegschicken."

Gängiges Mittel, die Sperre zu unterlaufen, bildete der Schülerausweis. Ausgestellt zum Kauf verbilligter Bus- oder Straßenbahnfahrkarten, wurde er an zahlreichen Kinokassen akzeptiert – besonders von kleinen Vorortkinos und zu den wenig besuchten Nachmittagsvorstellungen. Um ihre Geburtsdaten zu ändern, radierten oder tuschten wir an den Ausweiseintragungen, was das Zeug hielt. Besonders hoch im Kurs standen Kniffe der Art, wie sie das Zitat am Beginn dieses Kapitels beschreibt.

Dass solche Schliche im wahrsten Sinne des Wortes Schule machten, hatte nicht zuletzt mit dem Kaliber der Action-Filme zu tun, die Mitte der 50er Jahre aus Frankreich nach Westdeutschland gelangten. In diesen *films noirs* trat Eddie Constantine als ebenso schlagkräftiger wie trinkfester Lady- und Ganovenkiller auf, präsentierte Françoise Arnoul sich – einschließlich Nacktbad – als Nymphomanin oder zwielichtiges Straßenmädchen.

„Ich muss jetzt erst mal meine Tropfen nehmen", verkündete Spezialagent Lemmy Caution alias Eddie Constantine, sobald er zum Auftakt eines neuen Falls das FBI-Büro betrat. „Stehen im Aktenschrank", gab sein Chef lakonisch zurück, wies dabei mit dem Daumen auf die entsprechend platzierte Whiskyflasche. Begegnete Eddie, solcherart gestärkt, der ersten *femme fatale* des Films, ließ er die Zuschauer augenzwinkernd wissen: „Bei Kurven vergess' ich einfach sämtliche Verkehrsregeln." Schickte

„Ladykiller" Eddie Constantine: „Bleib sauber, Eddie!"

er sich an, das obligate Gangsternest auszuheben, lautete sein salopper Kommentar: „Wie hat Mutter Caution schon gesagt? Wenn man die Füße auf den Teller legt, bekommt man immer etwas dafür, selbst wenn es ein paar Backpfeifen sind." Und Backpfeifen, Fausthiebe, Handkantenschläge hagelte es anschließend in Hülle und Fülle.

Die Teenager, froh, der Betulichkeit heimischer Leinwanderzeugnisse entronnen zu sein, dankten Eddie beides – die flapsigen Sprüche ebenso wie die treffsicheren Kinnhaken. „Bleib sauber, Eddie", riefen sie, wenn er wieder einmal bedeutungsvoll den Blick in ein wohlgefülltes Dekolleté versenkte, der betreffenden Blondine dabei zuraunend: „Ich bin nur wegen Ihrer wunderschönen Augen hier." Und „Hinter dir, Eddie", scholl es durchs Kino, sofern irgendein Ganovenduo oder -trio Lemmy Caution zu überrumpeln drohte. Prompt traf den ersten Gauner ein Faustschlag, der ihn der Länge nach über den nächsten Tisch schlittern ließ, schleuderte den zweiten ein Kinnhaken in die Ecke, zerschellte auf dem Hut des dritten (Hüte waren, wie gesagt, unverzichtbare Attribute) ein passend verfügbarer Blumentopf. Und während sein Gegner benommen in die Knie ging, staubte Eddie sich lässig die Hände ab.

Lässigkeit – das war die Botschaft, die Eddie Constantine überzeugend verkündete, die beim heranwachsenden Publikum ganz ungemein

Les femmes s'en balancent, Bernard Borderie (1953) : Dario Moreno, Eddie Constantine.

Ganovenschreck Eddie Constantine: „Mach ihn fertig, Eddie!"

ankam. Wechselweise eine Mieze im Arm und einen Ganoven im Griff, ein Whiskyglas in der Hand oder eine Pistole in der Faust – dieser Stil imponierte den Jugendlichen umso mehr, als er schroff abstach von der bemühten Behäbigkeit, der sie im Alltag begegneten. (Waren es in der Bonner Republik doch regelmäßig die Konterfeis beleibter, graumelierter Herren, die sogar für hochprozentige Getränke warben.) Knallige Titel wie *Rote Lippen – blaue Bohnen*, *Serenade für 2 Pistolen*, *Morphium*, *Mord und kesse Motten* taten ein Übriges, um im Fall der Eddie-Filme zu signalisieren:

Hier fehlte gänzlich der sonst stets und gern gereckte pädagogische Zeigefinger. Stattdessen verfuhr der Held nach dem Prinzip, sich selbst und andere möglichst wenig ernst zu nehmen. Noch in der hoffnungslosesten Situation, ringsum von gezückten Revolvern bedroht, zog Eddie/Lemmy sich mit irgendeinem dreisten Trick aus der Schlinge. Versagte aber alle List, erwiesen die bösen Buben sich als gänzlich unempfänglich für Eddies Kombination aus augenzwinkerndem Charme und wuchtig ausgeteilten Schwingern, dann handelte Lemmy Caution notfalls nach der bewährten Reißerdevise: „Ein schneller Schuss zur rechten Zeit schafft Ruhe und Gemütlichkeit."

Üppige Oberweiten, tiefe Ausschnitte, betörende Blicke bildeten das Markenzeichen der Sängerinnen, Bardamen, Gangsterbräute, die sich in den Eddie-Filmen tummelten, grundsätzlich bereit, dem Draufgänger Lemmy Caution zu leidenschaftlichen Küssen in die Arme zu fallen. Frivoler wurde es selten. Die suggerierte „Freizügigkeit" beschränkte sich in der Regel auf Anspielungen und Wortgeplänkel. Beispiel *Rote Lippen – blaue Bohnen*:

Eddie betritt die Tico-Tico-Bar. Das attraktive, großzügig dekolletierte Garderobenmädchen verlangt ihm seinen Stetson ab. „Und was bekomme ich dafür?", will Eddie wissen. „Einen Schein", antwortet die Schöne. „Ist das alles, was Sie zu bieten haben?", erkundigt sich Eddie. Dem Mädchen gleitet ein Träger von der Schulter, entblößt noch mehr Brustansatz. „Während des Dienstes schon", gibt sie verheißungsvoll lächelnd zur Antwort. „Ich komme darauf zurück", verspricht Eddie.

Pustekuchen. Gar nichts passierte im weiteren Verlauf der Handlung. Was es zu sehen gab, mutete die Teenager trotzdem sensationell an. Kein Wunder, war doch in Göttingen eben erst ein Filmplakat von der Polizei entfernt worden, an dem ein Einwohner Anstoß genommen hatte. Grund für die Beschlagnahme laut Verfügung des zuständigen Amtsgerichtsrats: Auf dem Plakat sei „der nackte Oberkörper einer Frau" dargestellt, die im Bett lag, „worauf ein Kissen hindeutete", und „über sie ge-

Kurvenstar Françoise Arnoul: Zehn Sekunden Nacktheit

beugt der Oberkörper eines nackten Mannes." Der nackte „Oberkörper" der Frau (nämlich Liselotte Pulvers) bestand in einer bloßen Schulter, die über die Bettdecke ragte. Nicht anders im Falle des zweiten, männlichen „Oberkörpers", Hardy Krüger zugehörig. Im Übrigen schauten beide Darsteller sich mit derart gesammeltem Ernst in die Augen, dass es erklecklichen Entrüstungswillens bedurfte, um zu erkennen, dass „Schamlosigkeit", ja „Unzucht" (§§ 184/184a StGB alter Fassung) hier am Werk waren.

Gleichviel: Fast zur selben Zeit, Mitte der 50er Jahre, durften beispielsweise in Bamberg Schülerinnen wegen „unschicklicher" Kleidung – Turnhose und Trikot – weder am Sportfest noch am öffentlichen Staffellauf teilnehmen. Andernfalls hätten sittliche Gefährdungen gedroht, die sich in der katholischen Bistumszeitung, genannt St. Heinrichsblatt, mit besonders reger Phantasie ausgemalt fanden: Nicht nur wären „im Volke und besonders in der Jugend" vorhandene „Festungen der Schamhaftigkeit" abgebaut worden – schlimmer noch: Mit welchem Recht hätte man hinfort „Halbweltdamen verwehren" wollen, zu ihrer Tätigkeit „im gleichen Aufzug", also auch in Trikot und Turnhose, zu erscheinen?

Halbweltdamen – Inbegriff der Verruchtheit. Selbst der aufgeklärte *SPIEGEL* verbreitete sich lustvoll-schaudernd über den „makabren Reiz" der Straßenmädchen, die Françoise Arnoul zeitgleich mit Eddie Constantines hemdsärmeligen Eskapaden verkörperte. Freilich nicht flapsigparodistisch, sondern in reißerischen Melodramen, die bei der katholischen Filmbewertung auf weit weniger Nachsicht stießen als Eddies Radaustücke. *Gefährtinnen der Nacht* sollten keine wissbegierigen Teenager sehen, sondern höchstens „reife Menschen" mit einer Abgeklärtheit, wie sie „das Durchschnittspublikum im Allgemeinen vermissen lässt". *Zur Liebe verdammt* gar übte eine derart „starke negative Wirkung" auf den Besucherdurchschnitt aus, dass vom Besuch gleich völlig abgeraten wurde.

Françoise Arnoul als aufreizend sinnliche Kantinenbedienung in den Armen eines Bauarbeiters, dessen Hand in ihrer Bluse – als Nymphomanin, die allen die Köpfe verdrehte, die sich im Gras dem einen, im Bauwagen dem anderen hingab – die sich im Dämmerlicht das Kleid abstreifte, um nackt in einen See zu waten – Françoise Arnoul als Prostituierte, misshandelt und terrorisiert von ihrem brutalen Zuhälter – die dem Mann, der mehr in ihr sah, sie herausholen wollte aus ihrem Metier, zynisch erklärte, er sei auch nur ein Kunde – die schließlich voller Verzweiflung ihren Zuhälter erschoss: Szenen, welche die Jugendlichen, hatten sie sich erst einmal ins Kino geschmuggelt, wie gebannt verfolgten.

Sicher, der Ausweg aus allen Leinwandnöten blieb am Ende immer gleich. Er entsprach dem Bild der Zeit (auch in Frankreich), wonach die Frau, von ihren Neigungen her „flatterhafter" als der Mann, vor sich selbst geschützt werden musste. Stets fand sich ein Retter, solide und stark, der die schon Gestrauchelte zu sich emporzog, sie in den behüteten Ehehafen führte. Aber alles, was mit Heirat zusammenhing, lag für die Teenager weit weg, drang allenfalls unterschwellig in ihr Bewusstsein. Weit mehr zählte die Durchbrechung des Nacktheits- und Sexualtabus in einer Zeit, in der auf den Rückseiten zahlreicher Heftromane in Kleinanzeigen immerfort zu lesen stand, wohin man sich bei „Unsicherheit, Hemmungen, Angst, Jugendsünden" – natürlich gegen Rückporto – wenden solle. Um welche Art Ängste und Sünden es sich da handelte, konnte sich jeder denken, wenn der „Komm-mit-Kalender für Jungen" gleichzeitig Jahr für Jahr empfahl, nötigenfalls kalt zu duschen, um auftretenden Versuchungen zu widerstehen.

Rock, Rock, Rock bis zum Tageslicht

„Was ist besser – der Verlust der Individualität bei Marschmusik oder ihr Gewinn bei Rock'n'Roll?"

Bonner Schülerzeitung (1957)

Ein Großstadtschulhof, von der Straße abgetrennt durch einen eisernen Zaun. Hohe schwarze Metallstäbe mit scharfen Spitzen. Jugendliche dahinter, die herumalbern, hin und her tanzen, mit den Beinen schlenkern, den Fingern schnippen, die einem Lehrer abschätzend nachblicken, durch den Zaun einer Blondine hinterher pfeifen. Und eine aufpeitschende Gesangsstimme, Bill Haleys Stimme, unterlegt mit Schlagzeug, Klavier, Gitarre: „One, two, three o'clock, four o'clock, rock –"

Pünktlich zur Weihnachtszeit 1955, als Heiligabendpräsent sozusagen, gelangte *Saat der Gewalt* in die Lichtspieltheater. Und mit dem Film, gleich in der Eingangssequenz, „Rock around the clock", vorangetrieben durch hämmerndes Schlagzeug, sich überschlagendes Saxophon, immer wilder, immer gehetzter von Strophe zu Strophe. Wie eine Explosion.

Rock'n'Roll war da, postwendend geschmäht als „Veitstanz des 20. Jahrhunderts". Vulgär und banal, so das vernichtende Urteil des Jazzpapstes Joachim Ernst Berendt: Aufdringlich, laut, unnuanciert röhrend, primitiv stampfend – und eben nicht, wie der Jazz, gelöst, ausdrucksstark, geistvoll.

Jazz hatte Fuß gefasst in der Bundesrepublik, länger schon. Jeden Montag Jam Session in der Berliner „Badewanne", jedes Jahr zu Pfingsten Jazzfestival in Frankfurt. Wiederum nicht ohne amerikanische Nachhilfe: Montags, mittwochs, freitags, dreimal pro Woche hieß es „Strictly from Dixie" bei AFN, dem amerikanischen Soldatenrundfunk, American Forces Network, dessen Hörerpost zu über zwei Dritteln von deutschen Schülern stammte. Aber auch die Jazz-Cocktails, Jazz-Ecken, Jazz-Clubs westdeutscher Sender boten Swing, Bebop, Cool Jazz, stellten Duke Ellington vor, Miles Davis, Dizzy Gillespie, Sarah Vaughn oder Billie Holiday. Allen voran der Südwestfunk Baden-Baden, für dessen Jazzsendungen Joachim Ernst Berendt verantwortlich zeichnete.

Mit seinem „Jazzbuch" schrieb Berendt die Fibel – für manche die Bibel – der „schwarzen Musik". Berendts Idealbild: der Jazzfan, der – sensibel bis in die Zehenspitzen – entweder daheim am Plattenspieler oder draußen im Konzertsaal Jazzdarbietungen mit dem gleichen gesammelten Ernst verfolgte wie andere Leute Mozart oder Beethoven. Gegenstand seines Abscheus: der Drummer einer Combo, der durch hemmungslose Schlagzeug-Soli eine „ekstatisch schreiende Horde losgelassener junger Menschen" anspornte „zu immer neuen Verbiegungen ihrer Körper und zu immer schrilleren Schreien" (Originalton Berendt).

Kurz: die westdeutschen Jazzfans – eine kleine, aber feine Gemeinde. Albert Mangelsdorff und Kurt Edelhagen – ihre Priester. Joachim Ernst Berendt – ihr Prophet.

Aber hatte Berendt nicht letzten Endes recht? Sicher, in Jazzkellern wurde schon mal Boogie-Woogie getanzt, wurden Jam Sessions improvisiert. Und bei Live-Konzerten tobten gelegentlich die Zuhörer. Charakteristischer aber blieben die verschworenen Grüppchen, die auf irgendeiner Bude um den Plattenspieler hockten oder auf dem Fußboden lagen, Charlie Parkers Bebop-Improvisationen lauschten, sich an Bix Beiderbeckes schwermütigem Trompetensound begeisterten.

Jazz hatte sich eine Nische erobert. Jazzmusik beunruhigte kaum jemanden mehr, konnte mittlerweile sogar auf ein gewisses Wohlwollen rechnen.

Rock'n'Roll dagegen roch nach Krawall, nach Aggression – nach Jugendkriminalität. Wurde nicht in *Saat der Gewalt* gleich am Anfang eine attraktive Lehrerin ums Haar von einem Schüler vergewaltigt? Schlugen nicht halbstarke Rowdies einen Lehrer auf dem Nachhauseweg zusammen, der ihr bei dem Überfall zu Hilfe geeilt war? Zertrümmerten nicht dieselben Rabauken einem Kollegen die unersetzliche Schallplattensammlung, als er den hoffnungslosen Versuch unternahm, sie für seine Lieblingsmusik zu begeistern? Wirkte es nicht geradezu als Symbol, dass es Jazzplatten waren, die die Schüler verächtlich durch die Klasse pfefferten – Aufnahmen von Stan Kenton beispielsweise, von Bix Beiderbecke?

Rock'n'Roll roch nicht nur nach Aggression, es zog auch geballte Aggressionen auf sich. „Hier fehlt leider jede Selbstkontrolle", zeterte die Ufa-Wochenschau in beredter Anspielung auf die Filmzensur. Dagegen half „keine Medizin", sondern nur noch „der Wunsch auf baldige Genesung." Das abschätzig gemeinte Wort „halbstark" begann in Mode zu

„Saat der Gewalt": Jugendliche Kriminelle und ein aufpeitschender Song

kommen; Georg Tresslers Erfolgsfilm *Die Halbstarken*, mit Horst Buchholz und Karin Baal in den Hauptrollen, half kräftig dabei mit. Drehbuchautor Will Tremper beschrieb später, wie es bei der Auswahl der Hauptdarstellerin Karin Blauermel alias Baal (laut Berlins *Tagesspiegel* „ein bisschen zähe Hinterhofausgabe der schwierigeren und süßeren Marina Vlady") zugegangen war:

> Ich hatte Plakate kleben lassen: „Achtung, Halbstarke! Sonntagvormittag im Palladium in Kreuzberg großes Meeting mit Horst Buchholz, Star des neuen Films DIE HALBSTARKEN. Wahl der Hauptdarstellerin!" Dann hab' ich die Spree City Stompers engagiert, das war so 'ne erste Rock'n'Roll Band hier, die spielte in der „Badewanne" oder wo ... Jedenfalls hatte das Kino elfhundert Plätze, und es waren dreitausend Leute drin. Ich hatte mir vom Bezirksamt Kreuzberg die Wahlurnen ausgeliehen, die standen an den Ausgängen. Wir zeigten die Probeaufnahmen, und dann sagte ich: „Also Jungs, eure Stimmen entscheiden, wer die Hauptrolle bekommt: Entweder Karin aus dem Wedding, oder Monika aus Dahlem. Wenn ihr rausgeht, schmeißt eure Eintrittskarten da rein!" ... In den einen Urnen war kaum etwas drin, in den anderen fanden wir Taschentücher, Hausschlüssel an Stelle von Eintrittskarten, es war ganz offensichtlich – Karin Blauermel musste es sein!

„Halbstark" stand für Randale, für Aufsässigkeit, für Missachtung jeglicher „Autorität". Das weibliche Pendant „halbzart" milderte die herabsetzende Wirkung nur unwesentlich. Und Clare Boothe Luce, amerikanische Botschafterin in Italien, legte mit Erfolg ihr Veto dagegen ein, dass *Saat der Gewalt* bei der Biennale gezeigt wurde, dem Internationalen Filmfestival von Venedig.

Das alles focht eine ständig wachsende Zahl westdeutscher Jugendlicher ebenso wenig an, wie sie sich stören ließen von Haleys Mondgesicht oder seiner in die Stirn gedrehten Schmalzlocke. Was zählte, waren der heisere Gesang, der losgelassene Rhythmus. Auch auf deutschen Schulhöfen mehrten sich die Fälle, in denen Lutz oder Eike oder Henning unter Beifall vorführten, wie „Rock around the clock" bei ihnen ankam. Einen Fuß nach vorn gestellt, in den Knien eingeknickt, stimmten sie fingerschnippend einen Text an, den sie sich mühsam zusammengezimmert hatten:

„Wir tanzen Rock, Rock, Rock bis zum Tageslicht –" (Hüftschwung, Fingerschnippen), „ja, aufhör'n mit dem Rocken woll'n wir nicht –" (erneuter Hüftschwung, erneutes Fingerschnippen).

Solche selbstgebastelten Reime hatten Konjunktur, weil Eindeutschungen amerikanischer Hits durch die Plattenfirmen in aller Regel unsäglich ausfielen – Paradebeispiel „Rock around the clock":

Wenn Johnny spielt und Johnny singt,
wenn das Schlagzeug rast und sein Lied erklingt,
dann sagen groß und klein: Hört alle zu,
das kann nur Johnny sein im Kakadu.

Im Kakadu! Warum nicht gleich im Blauen Affen? Einen gewissen Witz verriet allenfalls „Mr. Patton aus Manhattan", die deutsche Version von Haleys „See you later Alligator". Der musiktolle Mister Patton durchrockt eine Nacht zum Krach einer Band (Anklänge an „Rock around the clock" sind unverkennbar). Vor lauter Begeisterung springt er zwischendurch dem Ober aufs Tablett. Bei einem enthemmten Schlagzeugsolo drischt er ein paar Stühle kurz und klein. Die Folgen am nächsten Morgen sind absehbar:

Gegen neun Uhr kommt ein Doktor
mit der Feuerwehr heran,
und man legt dem Mister Patton
eine Eiskompresse an.

Und am Mittag schreibt die Zeitung:
„Rock'n'Roll ist schuld daran!"

Eine Million verkaufter Platten binnen vier Wochen: Von Frank Beecher, dem Gitarristen der Haley-Band „The Comets", mit bemüht hoher Fistelstimme eingeleitet, entwickelte „See you later Alligator" sich zu Bill Haleys zweitem großem Hit. Im Original die Geschichte einer treulosen Freundin, die später vergeblich wieder um gut Wetter bittet, war das Lied typisch für die Aufnahmen, mit denen Haley zwei Jahre lang einen Erfolg nach dem anderen landete.

Seine Songs appellierten unmittelbar an jugendliche Erfahrungen und Sehnsüchte. Titel wie „Burn that candle", „Dim, dim the Lights", „Happy Baby" oder „Razzle Dazzle" hatten gängige Schülersprüche zum Thema, Teenagerparties, erste Liebeleien. Oder sie feierten einfach den neuen Rhythmus – „R-o-c-k" zum Beispiel, „Birth of the Boogie", „Rock-a-beatin' Boogie". Auch wenn das Etikett Rock'n'Roll vorerst noch so gewöhnungsbedürftig war, dass die Firma Decca die erste Langspielplatte des neuen Stars als „Foxtrots by Bill Haley" lancierte.

Dann aber veranstaltete Mitte 1956 der Soldatensender AFN einen Wettbewerb um die Krone des „King of Rock'n'Roll", und Haley siegte vor Elvis Presley in der Hörergunst. Zur selben Zeit gelangte „Rock around the clock" tatsächlich an die Spitze der westdeutschen Hitparade – für ganze vier Wochen.

Freddy Quinn brachte es mit „Heimweh" auf 14, die Sieben Raben mit „Smoky" auf acht. Selbst Peter Alexander und der Club Indonesia übertrafen Haley nach Noten: „Der Mond hält seine Wacht" stand fünf, „Steig in das Traumboot der Liebe, fahre mit mir nach Hawaii" sechs Wochen auf Platz 1. Das „Traumboot der Liebe" hatte es vielen Jugendlichen besonders angetan. Mit einem Spottlied verhöhnten sie den schnulzigen Geschmack ihrer Eltern:

> Steig in das Schaumbad von Suwa
> wasche die Füße mit Rei ...

Nicht nur Freddy Quinn und Peter Alexander – auch Margot Eskens, Lys Assia, Bruce Low, Caterina Valente, Jimmy Makulis, Vico Torriani tummelten sich auf den vorderen Rängen der Schlagerparade. Sie sangen von Milano, Roma und den braunen Mädchen auf Kuba, vom Wind, der in die Segel bläst, natürlich vom Seemann und vom Meer. Dass „Rock around the clock" sich neben so viel Schmalz behauptet hatte, musste geradezu als kleines Wunder gelten.

Mittlerweile drangen erste Meldungen über Rabatz bei Rock'n'Roll-Konzerten über den Atlantik und wurden von der Presse genüsslich ausgeschlachtet. Da griff am einen Ort die Polizei schon ein, wenn Jugendliche zwischen den Stuhlreihen tanzten, am anderen, sobald eine vereinzelte Bierflasche flog. Aber auch Schlägereien brachen hin und wieder aus, wenn Bill Haley mit den „Comets" auftrat. Ratlose, schockierte, aufgebrachte Pädagogen, Jugendpsychologen, Elternsprecher meldeten sich prompt zu Wort.

Über die engen Bezüge zwischen Rhythm & Blues und Rock'n'Roll, zwischen rebellischer schwarzer und emotionaler weißer Musik, wussten die wenigsten deutschen Fans Bescheid – geschweige denn ihre Gegner. Wem hätte wohl geschwant, dass Haleys Platte „Shake, Rattle and Roll" ursprünglich ein „schwarzer" Hit war, gesungen von „Big" Joe Turner? Oder dass Haley den Schlager in einer „gesäuberten" Fassung präsentierte – minus der erotischen Anspielungen des Originals?

Solches Wissen hätte vorhandene Vorurteile unter den Erwachsenen eher noch bestärkt. Und die reichten allemal aus, um den fetzigen, den aufruhrverdächtigen, den „Neger"rhythmus abzuqualifizieren, zu diskriminieren. „Hottentottenmusik!" schimpften verstörte Eltern, solcherart ihre unbewussten Reminiszenzen an Deutschlands koloniale Vergangenheit offenbarend. Oder, in abgewandelter Form, „Urwaldgetrommel! Dschungelgeheul!" – Vokabeln, die schon in Amerika aufgetaucht waren, die man nur zu übernehmen brauchte.

Karin Baal und Horst Buchholz – Die „Halbstarken" von 1956

Galoppierende Themaverfehlung", schrieb der renommierte Kritiker Gunter Groll in der *Süddeutschen Zeitung*. Hart und realistisch wohl (so der Werbeslogan), aber kein Film über freche Rowdys, die à la *Charlie Brown* – deutsche Version – beim Turnen Rock'n'Roll tanzten, im Englischunterricht Skat spielten und abends die Tochter vom Herrn Direktor küssten. Eher über halbwüchsige Kriminelle, die ihren Teil vom Wirtschaftswunder wollten.

„Ich dreh' jetzt 'n paar teure Dinger, und dann ist Feierabend. Und kein Mensch wird wissen, wie ich's geschafft habe. Und dann, dann mach' ich in Familie" (Freddy, gespielt von Horst Buchholz, zu seinem Bruder Jan).

Jugendliche Ganoven voller Kleinbürger-Sehnsüchte, vergleichbar – so Groll – mit der berühmtberüchtigten Münchner Panther-Bande von 1953. In deren Statuten stand ohne Umschweife, ein Lebensstandard solle „legal oder illegal" erreicht werden, „der alle Mitglieder zufrieden stelle". Freddys Clique also klaut ein paar Wagen, raubt ein Postauto aus, bricht in eine Villa ein. Aber fast alles geht schief, und am Ende dreht auch noch Freddys raffgierige Freundin Sissy durch. Sie greift sich Freddys Pistole, schießt ein Einbruchsopfer, dann Freddy selbst an. Diese Schüsse reißen laut Verleihtext „die halbstarke Schale von Freddy; er sieht auf einmal den Irrweg, den er an Sissys Seite gegangen ist. Er schlägt Sissy nieder, als sie fliehen will, und geht allein der Polizei entgegen – ein Halbstarker, der sich selbst überwunden hat und bereit ist, Verantwortung für seine Taten zu übernehmen." Schließlich war auch in *Saat der Gewalt* die „verirrte, verwirrte Schar junger Menschen", die ihre Lehrer terrorisierte, wieder auf den rechten Weg zu „anständigen Staatsbürgern" gebracht worden.

Freddy (Horst Buchholz):
„Polizei? Mit denen fahre ich Schlitten!"

Heidi Brühl in „Halbstarken"filmen:
Von wegen „kühle Blonde"

Eng umarmt im Sand liegend, sich leidenschaftlich küssend: Christian Wolff und die bikinibekleidete Heidi Brühl. Derart erotisch wirkte das Intermezzo aus *Verbrechen nach Schulschluss* (1959), dass es in Spanien der Zensurschere zum Opfer fiel. Tatsächlich war das Wetter, wie Heidi Brühl (*Eine kühle Blonde, bitte*) später berichtete, bei den Aufnahmen lausig kalt. Dem Effekt auf der Leinwand tat das keinen Abbruch.

1956 hatte Georg Tressler, inspiriert durch *Saat der Gewalt*, mit „Hotte" und Karin Baal *Die Halbstarken* gedreht. 1957 folgte *Die Frühreifen* (mit einem herzlich unsympathischen Peter Kraus, Sabine Sinjen, Christian Wolff und Heidi Brühl), zwei Jahre später dann *Verbrechen nach Schulschluss*. Beide Male war im Drehbuch der Part eines „sauberen" jungen Mädchens vorgesehen, wie zugeschnitten auf Heidi Brühl – umso mehr, als die verlangte Anständigkeit nicht verbarg, wie verführerisch sie wirken konnte. 1959 erklärte Heidi der *Star-Revue* ‚zum Thema „Halbstarke" würde sie zu gern einen Vortrag halten. Leider fand er nie statt ...

„Eine letzte gepfefferte Liebesszene am Strand –
und dann flott an Unterkühlung sterben"
(Heidi Brühl rückblickend)

Erst recht überschlugen sich die Attacken, als auch in der Bundesrepublik Rock'n'Roll-begeisterte Teenager die Kinositze erklommen, auf Trillerpfeifen, Türschlüsseln, den Fingern pfiffen, in den Gängen, selbst auf den Straßen tanzten. Anlass: abermals Bill Haley und seine Band. Gleich zweimal nacheinander – im Herbst 1956, dann wieder Anfang 1957 – zogen sie ihre Show auf der Leinwand ab. „*Rock around the clock*" und „*Don't know the rock*" hießen die beiden eilig gedrehten Rock'n'Roll-Filme, die auf Haleys Popularität spekulierten. Die Rechnung ging mehr als auf. Zwar konnte man die Handlung der beiden Streifen getrost vergessen. Drehte sie sich im einen Fall um einen Rock'n'Roll-Star, dessen steile Karriere ihn aus der Provinz nach New York führt, so im anderen um einen bereits prominenten Sänger, der sich in seinem Heimatort erholen möchte und dort prompt mit den spießigen Gegnern der Rock'n'Roll-Welle aneinander gerät. Aber schließlich lieferten die dürftigen Geschichten nur den Vorwand, damit der Bassist der „Comets" auf seinem Instrument „ritt", der Schlagzeuger den heißen Rhythmus herunterdrosch, der Saxophonist weit zurückgebeugt immer schrillere Töne blies, Bill Haley sein explosives Repertoire von „Rip it up" bis „Razzle Dazzle" abspulte.

Aus England drang die Nachricht herüber, Königin Elisabeth II. habe nach einer Privatvorführung von „*Rock around the clock*" verlangt, um festzustellen, weshalb ihre jüngeren Untertanen derart aus dem Häuschen gerieten. Vom deutschen Bundespräsidenten wurde dergleichen nicht gemeldet. In Westdeutschland liefen beide Filme unter dem Titel „*Außer Rand und Band*", und für Scharen Jugendlicher funktionierte das Motto als Programm. Spätestens dann, wenn erstmals in bundesrepublikanischen (Kino-) Sälen der ekstatische Schrei „A-bop-bop-a-loom-op a-lop bop-boom" erscholl: Im Silberlaméanzug sprang Little Richard auf die Bühne, hämmerte auf die Pianotasten, setzte einen Fuß aufs Klavier, rotierte mit den Hüften, dazu kreischend:

Tutti Frutti,
au rutti.
I got a gal, her name's Sue
she knows just what to do.

Ein Mädchen, das genau wusste, wie es sich anzustellen hatte – Traum jedes verliebten Jugendlichen, Alptraum aller „anständigen" Eltern. Rock'n'Roll durchbrach nicht nur die steifen Tanzkonventionen. In seiner Losgelassenheit schwang unterschwellig, manchmal auch handfest ein Stück befreiter Sexualität mit, die von Älteren gespürt und als gefährlich – mehr noch, als geradezu anarchisch empfunden wurde.

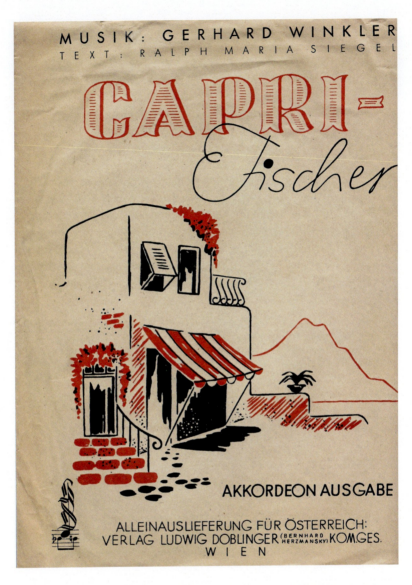

Am Kai, da riefen immerfort die Möwen: Schnulze auf Schnulze beschwor das Fernweh der Nachkriegsjahre.

Dieses unterschwellige Bedrohungsgefühl war der Grund für die Maßlosigkeit, mit der die westdeutsche Presse auf die Verrenkungen „hottender" Tanzpaare reagierte, die sich in *Außer Rand und Band* auf der Leinwand tummelten. „Tierische Verzückung", „exhibitionistische Exzesse" dienten als gängige Vokabeln, mit denen Kritiker die Aktivitäten der Jugendlichen bedachten.

Freilich – was wollte man erwarten? Zur selben Zeit lief *Wo der Wildbach rauscht* (unter Verwendung, laut Anzeige, „der Volksmelodie, die dem Film den Titel gab"), liefen *Sissi, die junge Kaiserin*, mit Romy Schneider und *Die Trapp-Familie* mit Ruth Leuwerik. Bei so viel zur Schau gestelltem Gemüt beziehungsweise bravem Jungmädchentum musste *Außer Rand und Band* aus dem züchtigen Rahmen fallen.

Väter drohten ihren aufmüpfigen Söhnen, die wagten, zu Hause Haleys Hits auf den Plattenspieler zu legen, beim „Barras" würden ihnen schon die „Hammelbeine" langgezogen. Die revanchierten sich, indem sie überdeutlich zu verstehen gaben, was sie von Marschmusik im Vergleich zu Rock'n'Roll hielten.

Immerhin blieben Westdeutschlands Kinostühle – anders als in England – überwiegend heil, während *Außer Rand und Band* gezeigt wurde. Nur an wenigen Orten – hauptsächlich im Ruhrgebiet – gaben unternehmungslustige Fans der Presse Anlass, sich über den „Kleinholzfilm" zu mokieren oder von der „Rock'n'Roll-Front" zu sprechen, wenn ringsum der Verkehr zum Erliegen kam. Zwei Jahre später, als Haley leibhaftig in die Bundesrepublik kam, wurde es wesentlich turbulenter.

In Berlin jagten Jugendliche den „Langweiler" Kurt Edelhagen und seine Big Band, die im Vorprogramm der Tournee spielen sollten, von der Bühne. Als Haleys Auftritt sich verzögerte, gingen die ersten Stuhlreihen zu Bruch, später – nach dem Eingreifen der Polizei – gefolgt von einem Flügel, der Lautsprecheranlage und einem Großteil der Beleuchtung. Nachdem der Sportpalast geräumt war, setzte die Polizei in den angrenzenden Straßen Gummiknüppel und Tränengas gegen Ansammlungen Jugendlicher ein, die ihrerseits parkende Autos demolierten und einen Einsatzwagen umzukippen trachteten.

Als in Hamburg die ersten Paare anfingen, zwischen den Stuhlreihen zu tanzen, versuchten Ordner, sie auf ihre Plätze zurückzubefördern. Die Folge war nur, dass (so ein Zeitungsartikel) „immer mehr aufgeregte Burschen in die Gänge drängten." Bill Haley, dem mulmig wurde, flüchtete nach einer Viertelstunde von der Bühne. Die Fans fühlten sich betrogen, und der rabiatere Teil kühlte, wie gehabt, sein Mütchen an der Einrichtung. Der Rest, von der Vertreibung durch die Polizei aus der Halle bis

Mehr als Bill Haleys Schmalzlocke zählte der aufpeitschende Rhythmus.

Bill Haley and his Comets: „Hottentottenmusik!"

zum „Veitstanz" (Hamburger Abendblatt) in den umliegenden Straßen, vollzog sich weitgehend nach Berliner Muster. Was die Essener Polizei bei Haleys drittem Auftritt veranlasste, im Anschluss an die gewaltsame Räumung der Grugahalle mit Reiterstaffeln und Wasserwerfern die Halbwüchsigen auseinander zu jagen.

„Verbreiteten Hass" auf die Polizei beobachtete Ralph Jones, der Schlagzeuger der „Comets". Die ab Mitte 1956 erscheinende Teenagerzeitschrift *BRAVO* schrieb in einem Appell an „Halbstarke und Polizisten":

> Sehen Polizisten eine Gruppe junger Männer, dann werden ihre Augen schmal, und ihre Gummiknüppel sitzen plötzlich sehr locker. Sieht die Jugend Polizei, dann wird tief Luft geholt, die Faust geballt und auf die Schlägerei gewartet. Irgendeiner wird schon anfangen, entweder die Jungen oder die Polizisten.

BRAVO gab sich Mühe, die Maßstäbe wieder zurecht zu rücken. Wegen einiger wild gewordener junger Leute, „die ihr Gehirn in der letzten Kneipe gelassen haben und nun unbedingt ein Auto umschmeißen wollen", werde ein Theater veranstaltet, „als ob eigentlich deswegen der nationale Notstand proklamiert werden müsste." Stets auf Integration bedacht, empfahl das Blatt als Patentlösung, mehr Sportanlagen zu bauen, in denen die sogenannten „Halbstarken" ihre überschüssigen Kräfte abreagieren könnten. Das erinnerte nun allerdings verzweifelt an das Rezept des „Komm-mit-Kalenders", gegen Versuchungen kalt zu duschen.

Der Hinweis auf die verbreitete Neigung, bei ersten Anzeichen jugendlicher Aufsässigkeit gleich den Zusammenbruch der öffentlichen Ordnung zu befürchten, kam dem Kern des Problems erheblich näher. Dass „wehrdienstfähige Jugend", in der bezeichnenden Sprache eines Presseartikels, irgendein Podium stürmte, dabei „pflichtschuldigst außer sich geriet", sich anschließend gar noch auf der Straße „zusammenrottete", galt als grobe Regelverletzung, die hysterische Reaktionen auslöste. Den Vogel schoss, wie so oft, Bayerns Christlich-Soziale Union ab. Der CSU-Abgeordnete Junker verlangte „die Brechung jeglichen Widerstandes gegen die Staatsgewalt mit bis an die Grenze der Gesetzlichkeit gehenden Mitteln." Ihm sekundierte der bayerische Innenminister: Gegen Auswüchse jugendlichen Treibens müsse mit „Brutalität" vorgegangen werden. Jedwede „Humanitätsduselei" sei völlig unangebracht.

Auch sogenannte liberale Stimmen rieten, unter Berufung auf den „großen Arzt Paracelsus", zur Anwendung von Prügeln und kalten Güssen – zeitgemäß abgewandelt: zum Einsatz von Gummiknüppeln und Wasserwerfern. Eruptive Ausbrüche aus der sozial-kulturellen Erstarrung der autoritären Kanzlerdemokratie wurden solcherart reduziert auf „abweichendes" Verhalten, staatliche Härte proklamiert als einzig angemessene Maßnahme der Erwachsenenwelt.

James Dean: „Was er sagt, das meint er auch".

Unverstanden in Blue Jeans

> „Die Jugend von heute entdeckt sich selbst in James Dean. Ein Rauschgefühl – halb Stolz und halb Bedauern -, außerhalb der Gesellschaft zu stehen. Die Weigerung, sich einzugliedern, und der gleichzeitige Wunsch nach Gemeinschaft."
>
> François Truffaut (1956)

Dass die Erwachsenen „nichts begreifen", äußerte James Dean gleich während der ersten Minuten des Films ... *denn sie wissen nicht, was sie tun*. Wie ein Irrenhaus kamen den Heranwachsenden des Films, ob Mädchen oder Jungen, ihre Familien vor: lieblose, oberflächliche, auf ihr gesellschaftliches Ansehen bedachte Mütter und Väter, denen jedes echte Interesse für die Entwicklung ihrer Kinder fehlte. Materiell verwöhnten sie ihre Sprösslinge, emotional aber stießen sie sie zurück, nahmen sie nicht ernst oder, öfter noch, überhaupt nicht wahr.

Mit erheblicher schauspielerischer Intensität entwarf Dean in ... *denn sie wissen nicht, was sie tun* ein Porträt der Sensibilität und Verletzlichkeit Heranwachsender, ihrer Weigerung, sich verlogenen gesellschaftlichen Regeln anzupassen, von ihrem Aufbegehren gegen sinnlose Autorität, ihrem Bedürfnis nach emotionaler Geborgenheit (und sei es in der Clique). Scheu, dann wieder aufbrausend, in sich gekehrt und dennoch zugewandt, schwermütig und verspielt zugleich, schelmisch blinzelnd und entwaffnend lachend, wirkte er absolut aufrichtig, unbedingt verlässlich.

„Ist er nett?", fragt Judy (Natalie Wood), die sich bald in Jim (James Dean) verlieben wird, dessen Kumpel Plato (Sal Mineo). „Er spricht nicht viel", gibt Plato zur Antwort. „Aber was er sagt, das meint er auch."

Schon in seinem ersten Film, *Jenseits von Eden*, verkörperte Dean in der Rolle des Caleb Trask, verschlossen und widerspenstig, dabei eruptiv und leidenschaftlich, die Rolle eines zerrissenen Jugendlichen auf der Suche nach sich selbst: „Ich will wissen, wer ich bin. Ich will wissen, wie ich bin." Vergeblich ringt Cal um die Zuneigung seines patriarchalischen

... denn sie wissen nicht, was sie tun: Wer ist der „Hasenfuß"?

Vaters, der sich mit einem Panzer puritanischer Wertvorstellungen umgibt. Als der Vater ein Geschenk Cals als „schmutziges Geld" zurückweist, steht er dem anschließenden Gefühlsausbruch seines Sohnes entsetzt und fassungslos gegenüber. Cal flüchtet schluchzend aus dem Haus in die Dunkelheit.

Jenseits von Eden, gedreht nach einem Roman von John Steinbeck, kreiste um ein abgewandeltes Kain-und-Abel-Motiv: zwei rivalisierende Söhne, ohne Mutter aufgewachsen; der sittenstrenge Vater; seine Frau, die ihn verlassen hat, die mittlerweile in der nächstgelegenen Stadt ein Bordell betreibt. Eine Familientragödie, kein zeitkritischer Film. Schon gar kein Film, der primär auf ein jugendliches Publikum zielte.

Und dennoch einer, der bei einer wachsenden Zahl Halbwüchsiger einen Nerv traf: Spielte, nein, verkörperte James Dean als Caleb–Kain nicht symptomatisch den „unangepassten" Jugendlichen seiner Ära? Den Rebellen gegen die Zwänge einer verständnislosen Umwelt, gegen das strikte Regiment des uneinsichtigen Vaters? Der seine Gefühle ungeheuchelt offenbarte – mehr noch, der sich den eigenen Gefühlen kompromisslos überließ?

In dieser Hinsicht unterschied James Deans Leben sich kaum von seinen Rollen. Schwankend zwischen Draufgängertum und Selbstzweifeln, beschränkte er sich auf die notwendigsten Konzessionen an seine Umgebung, provozierte andere immer wieder zu heftigen Reaktionen. Schwere Motorräder, schnelle Wagen, verwegener Fahrstil gehörten zu Deans fiebrigem Lebensgefühl. Mit 24 Jahren verunglückte er Ende September 1955 in Kalifornien am Steuer seines Porsche. Erst Monate nach seinem Tod gelangte ... *denn sie wissen nicht, was sie tun* in die Kinos der Bundesrepublik.

Zur Handlung gehörte eine Mutprobe, bei der Jim und sein Kontrahent Buzz, Anführer einer Schülerclique, in gestohlenen Wagen auf eine abfallende Klippe zurasten. Wer sich zuerst aus dem Auto fallen ließ, galt als „Hasenfuß". Im Film überlebte Jim, während Buzz in den Abgrund stürzte.

Doch James Deans atemloses Leben, sein früher Tod waren nicht nur bei dieser Szene jedem Zuschauer präsent. Sie überschatteten den gesamten Film, verliehen ihm Züge eines Mythos.

„Da war mal einer, der das so zeigte, wie es wirklich war", beschrieb ein westdeutscher Jugendlicher noch Jahre später seine Reaktion. „Das hat uns unheimlich beeindruckt."

Die Dialoge unterstützten diese Wirkung. Wandten die Jugendlichen des Films sich ratsuchend an ihre Eltern, begehrten sie gar auf, dann waren schroffe oder hilflose Reaktionen die Antwort.

JUDYS VATER: Ich habe genug. Ich möchte, dass wir jetzt das Thema wechseln.
JUDY: Warum?
IHR VATER: Ich möchte es eben, darum.
JIMS VATER: Du bist in einem beneidenswerten Alter. In zehn Jahren sieht alles ganz anders aus. Wenn du älter bist, wirst du dich vielleicht an diesen Tag erinnern, und dann wirst du über dich lachen, weil du dir die Sache so zu Herzen genommen hast.
JIM: Zehn Jahre! Ich will die Antwort jetzt. Ich brauch' eine!

Er bekam keine. In den Elternhäusern, die der Film porträtierte, existierte keine Brücke zwischen autoritären Erwachsenen und ihren eigenwilligen Kindern. Kein Wunder, daß die Jugendlichen sich zurückzogen, Zuwendung suchten in Cliquen mit eigenen Wertmaßstäben:

BUZZ: zu JIM [vor dem „Hasenfuß"-Rennen]: Weißt du was? Du gefällst mir.
JIM: Warum machen wir das dann?
BUZZ: Irgendwas muss man doch machen – oder?

Nicht nur die Dialoge schufen eine Stimmung, welche die Teenager, die in die Kinos geströmt waren, in ihren Bann zog. Auch James Deans Kluft, seine Gesten luden zur Nachahmung ein. Als er von der fatalen Mutprobe zurückkehrte, holte er eine Milchflasche aus dem Eisschrank, presste sie gegen sein Gesicht, um Stirn und Wangen zu kühlen, ehe er trank. Scharen Jugendlicher ahmten monatelang den Griff zur Milchflasche nach.

Noch mehr aber verfing Deans Kleidung: Blue Jeans und rote Jacke. In der Bundesrepublik brach ein Kulturkampf aus, den bis heute kein Geschichtsbuch verzeichnet: der Nietenhosen-Konflikt. Er wurde erbittert ausgefochten, spaltete zahllose Familien, griff selbst auf die Schulen über.

Die Fronten waren klar. Eltern wie Lehrer vereinte die Überzeugung: Blue Jeans passten weder ins traute Heim zu Tütenlampe und Resopaltisch, noch ins Gymnasium zu humanistischem Bildungsgut. Schon bei Jungen, von Mädchen zu schweigen, widersprachen die blauen „Röhren" allen Regeln gesitteter Erscheinung. Weil sie Ungezwungenheit demonstrierten, legten sie Unbotmäßigkeit nahe.

Für Jugendliche symbolisierten Jeans folgerichtig das Gegenteil von brav und bieder. Fand sich dazu keine knallig bunte Jacke, dann tat es auch ein rotes oder violettes Hemd. Der Kragen blieb offen, damit man – wie bei James Dean – das T-Shirt sah. Statt gebügelter Hosen, einzwängender Krawatten, Hosenträgern gar (Inbegriff der Spießigkeit) war immer mehr ein Outfit gefragt, das von der Unterwerfung unter standardisierte Alltagsformalität befreite.

Auffallen, eine Masche haben, hieß die Parole. Bestätigung verschaffte der schockierte Blick des Lehrers, wenn man sich, entsprechend ausstaffiert, an ihm vorbei in den Klassenraum schob. Und die Bekleidungsbranche begann zu reagieren, das Angebot nahm zu. Markennamen wie Levi's oder Wrangler wurden unversehens populär in der Bundesrepublik.

Wer ebenfalls reagierte, waren Eltern, besonders Väter – mit Vorhaltungen, mit Standpauken, mit Dresche, mit Taschengeldentzug, bei Mädchen zusätzlich mit Stubenarrest. Dass ihre Autorität an diesem Punkt in Frage gestellt wurde, wollte ihnen nicht in den Kopf. Mehr noch, weil eine Alternative zur eigenen Korrektheit ihr Vorstellungsvermögen überstieg, schämten sie sich buchstäblich für ihre Söhne und Töchter. Umso härter meinten sie, durchgreifen zu müssen. Elterliche Standarddrohungen wie „Solange du deine Beine unter meinen Tisch streckst" lösten in Anbetracht des Themas allerdings nicht selten jugendli-

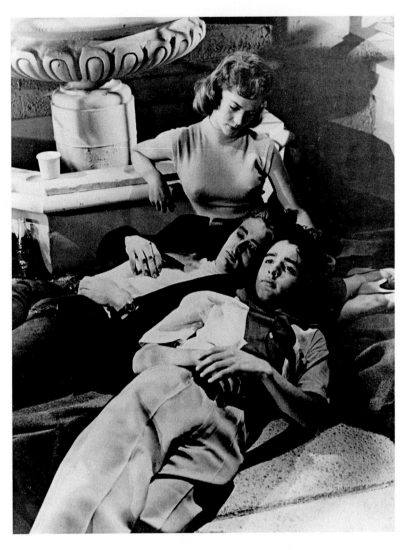

Mit Natalie Wood und Sal Mineo: Unschuldiger Rebell

che Lachanfälle aus, die im Zweifel mit Ohrfeigen quittiert wurden. „Sucht die schönsten Blue Jeans heute aus / Sagt Bescheid, ihr kommt heut' spät nach Haus": Schlagertexte wie dieser wandten sich an Teenager, die der elterlichen Bevormundung bereits erfolgreich getrotzt hatten. Erst aber musste die Verwirklichung solcher Träume mühsam erstritten werden. Manchmal halfen geschickte Strategien, ein Anfangskompromiss zum Beispiel in Gestalt schwarzer Nietenhosen mit grünen Nähten, Black Jeans – unauffälliger, weniger gewöhnungsbedürftig als die blau gefärbte Spielart. Über das ersehnte Endresultat konnte, was die Jugendlichen anging, trotzdem kein Zweifel bestehen.

Warum eigentlich, fragte Ende 1956 ein genervter 19-Jähriger in einem Leserbrief, „warum fühlt sich die Mehrheit der westdeutschen Bundesbürger beleidigt, wenn wir rot abgesetzte Lederjacken oder Blue Jeans tragen? Warum hören sie bei Jazz oder moderner Tanzmusik nur Lärm?"

Die Antwort lieferte der Briefschreiber gleich mit: „Weil für sie die Zustände von vor 25 Jahren als Richtschnur gelten." Das traf ins Schwarze, ebenso wie die folgenden Sätze:

> Wenn aber in harmlosen Äußerlichkeiten wie Haartracht und Kleidung keine Freiheit besteht, so darf man von Gedankenfreiheit nicht einmal träumen. Die größte Furcht bereitet dem Bundesbürger der Gedanke an eine Änderung.

Er sei ringsum „von Erwachsenen umgeben, die zwei Weltkriege erlebt und zum Teil auch selbst verschuldet haben", ergänzte ein gleichaltriger Jugendlicher bei einer öffentlichen „Halbstarken"-Debatte in West-Berlin. Trotzdem drehten deren Gespräche „am abendlichen Familientisch" sich ausschließlich darum, „ob das Pfund Rhabarber um 2 Pfennige teurer oder billiger" geworden sei. Ein Vorbild, ein Leitbild habe er „bei Erwachsenen bisher nicht finden können."

Solche Äußerungen machten deutlich: Das Aufbegehren richtete sich gegen den Konformitätsdruck einer „Welt aus Watte" (der Soziologe Helmut Schelsky), in der Individualität erstickt zu werden drohte. James Dean hatte vorgeführt, wie die Rebellion gegen einengende Ordnungsrituale aussehen konnte. Auch in der Bundesrepublik blieb er für viele Jugendliche unangefochtenes Sinnbild ihres Drangs nach mehr sozialer Selbstbestimmung. Als *BRAVO*, die selbsternannte „Zeitschrift mit dem jungen Herzen", anderthalb Jahre nach seinem Tod die „herausragendsten" Filmstars ermittelte, erhielt Dean mit Abstand die Stimmen der meisten Leser(innen).

Das Gefühl, das nicht wenige dabei bewegt haben mag, fing zum Ende der 50er Jahre der Schriftsteller John Dos Passos bestechend in einem Roman ein – *Mid-Century*, deutsch *Jahrhundertmitte*:

> Die Jungs in den Stiefeln und den Lederjacken,
> die Jungs in den hautengen Jeans, …
> sie bauten sich auf vor den Spiegeln der Klos,
> um sich selbst zu betrachten
> und James Dean zu sehen:
> das widerspenstige Haar,
> die tiefliegenden Augen, in Einsamkeit schwimmend;
> der verbitterte, geschlagene Blick,
> Verachtung um die Lippen.
>
> (…)
>
> Und die Mädchen,
> schwindlig vor Sehnsucht,
> mit den Fingern durch sein wirres Haar zu fahren,
> obwohl er kein richtiger Junge war,
> denn er weinte ja,
> aber unrasiert –
> „Nur er und ich, auf dem Rücksitz eines Autos."

Schiefes Grinsen, aufgetürmte Tolle: Ein neues Lebensgefühl

Er singt, wie Marilyn Monroe geht

„Das sind doch lauter frustrierte alte Knacker.
Ich mache keine anstößigen Bewegungen.
Ich bin bloß natürlich."

Elvis Presley (1956)

Autorücksitze standen in der Bundesrepublik den wenigsten Jugendlichen zum Schmusen zur Verfügung. Selbst zur gebrauchten BMW Isetta, volkstümlich „Knutschkugel" genannt, reichte es in den seltensten Fällen. Gewöhnlich mussten die hinteren Kinoreihen genügen – außer bei Jahrmarkt oder Kirmes. Dann hielt auf dem Rummelplatz die „Raupe" Einzug und war augenblicklich umlagerter Anziehungspunkt. Kein Wunder – hatte sie doch Karussells, Autoscootern, Achterbahnen eine Besonderheit voraus:

Während die Wagen immer schneller dahinsausten, hoben und senkten sich die Planen, blieben zuletzt bei rasendem Tempo für Augenblicke gänzlich geschlossen. Das war die Chance für verliebte Teenagerpärchen, in der viel zu kurz anhaltenden Dunkelheit eng umschlungen zu knutschen, sich verlegen lächelnd oder stolz in die Runde blickend voneinander zu lösen, sobald die Plane wieder nach oben ging.

Jeder Betreiber einer „Raupe" wusste genau, welche Musik seine Besucher erwarteten: weder „Weißer Holunder" noch „Komm ein bisschen mit nach Italien", sondern anfeuernde Rhythmen – und wenn es der „Mäckie-Boogie" war. Anfeuernd schon deswegen, weil keineswegs alle, die auf flinke Küsse unter der Plane aus waren, sich zu zweit einfanden. Als beliebter Sport galt das Aufspringen auf die „Raupe", um bei allein mitfahrenden Mädchen sein Glück zu versuchen. Natürlich mit dem Risiko, dass die so bewiesene „Kühnheit", statt angemessen „belohnt" zu werden, auf heftige Abwehr stieß. Im Grunde war die Art des Annäherungsversuchs selbst ein Indiz für das verklemmte Klima.

Gleichviel: Die Raupenbahnen drehten sich nicht zu volkstümlichem Schmalz, sondern zu lärmenden Boogies. Erst recht, seit mit Bill Haleys

Platten der Rock'n'Roll Einzug gehalten hatte. An immer mehr Raupen fanden sich Plakate wie „Schlager aus USA" oder „Treffpunkt für Jazzfans" – wobei „Jazz" als Allerweltswort für heiße Musik herhalten musste. „Rock around the clock" und „See you later Alligator" erwiesen sich als Rummelplatz-Dauerbrenner. Nicht anders Little Richards „Long Tall Sally", Fats Dominos „Blue Monday", Chuck Berrys „Johnny B. Goode" oder „Maybelline".

Ende 1956 aber begann diesem Quartett jemand den Rang abzulaufen, der in Amerika bereits den Spitznamen „das Becken" weg hatte (Elvis, the pelvis), den in Westdeutschland entrüstete Erwachsene bald als „Heulboje" titulieren sollten. Kein Wunder, wusste er doch hektischentfesselte mit sinnlich-erotischer Darbietungstechnik zu bislang ungekannter Intensität zu verbinden. Beispiel „Blue Suede Shoes":

> Well, it's one for the money,
> two for the show,
> three to get ready,
> now go, cat, go! ...

Beispiel „Heartbreak Hotel":

> Now since my baby left me,
> I've found a new place to dwell,
> down at the end of Lonely Street
> at Heartbreak Hotel.
> Well, I'm so lonely,
> I'm so lonely I could die ...

Elvis Presley – denn selbstredend er war es, der von blauen Wildlederschuhen sang und vom Hotel zur Einsamkeit – Elvis Presley, damals 21-jährig, kam gerade recht, um die emotionale Lücke zu füllen, die James Deans Tod gerissen hatte. Der gesetzte, zur Rundlichkeit neigende Haley mit seiner Schmalzlocke war einfach zehn Jahre zu alt, als dass er diesen Platz hätte einnehmen können. Die anderen drei aber, die vielleicht das Zeug dazu gehabt hätten, Chuck Berry mit Abstand an der Spitze, waren von schwarzer Hautfarbe und deshalb ohne Chance.

Was die westdeutschen Teenager auf Presleys Schallplatten hörten, was sie auf Fotos von ihm sahen, was sie in der Presse über ihn lasen, genügte, um ihn auch in der Bundesrepublik mit atemberaubender Schnelligkeit zum Idol aufsteigen zu lassen. 600 000 Platten betrug der Absatz binnen weniger Monate, als die Firma Teldec im Herbst 1956 zwölf Presley-Singles mit einem Schlag auf den Markt warf.

Die kehlige, eindringliche, für Augenblicke wilde, dann wieder flehende Baritonstimme, die bald in jeder Milchbar aus der Jukebox scholl, überfiel die Jugendlichen mit ihrer Leidenschaft, setzte sie einem Wechselbad der Gefühle aus, bei dem ihnen heiß und gleich darauf wieder kalt werden konnte. Diese Stimme klang, als käme Presley wie ein Sturmwind hereingeschneit, bliebe „gerade lange genug, um die Wände umzupusten, und verschwände mit einem Grinsen wieder durch die Hintertür" (Greil Marcus, *Mystery Train*). Halbwüchsige mussten Presley nicht auf der Bühne erleben – was in der Bundesrepublik ohnehin unmöglich war –, um beim Anhören seiner Platten losgelassen im Zimmer umherzutanzen oder sich auf den Boden zu werfen und zu kreischen.

Natürlich verstärkten Presse- und Rundfunkberichte über Presleys Bühnenauftritte den Effekt. Was hätte besser gepasst zum gehetzten Tempo, zum fiebrigen Rhythmus, zur sexuellen Spannung der Musik, als von Shows zu lesen, bei denen „that cat", dieser rockige Typ, auf dem Podium erschien in karierter (oder grüner oder roter) Jacke, kontrastfarbenen Hosen, lila Hemd, weißen Schuhen, die Gitarre umgehängt, und zunächst einmal nichts anderes tat, als minutenlang mit herausforderndem Grinsen das Mikrofon zu umfassen? Der dann die ersten Akkorde anstimmte, einmal mit den Beinen schlenkerte, andeutungsweise die Hüften bewegte – was manchmal schon genügte, damit ein einziger, immer lauter werdender Schrei aus dem Saal aufstieg, die ersten Mädchen kreischend auf und nieder sprangen oder nach vorn stürmten, das Dutzend Ordner alle Hände voll zu tun hatten.

Was immer Presley auch sang – „Money Honey", „Rip it up", „Ready Teddy", „Heartbreak Hotel" –, über weite Strecken gingen die Worte völlig in dem Tumult unter. Wieder und wieder schien es, als würde die Kette der Ordner überrannt, während Presley röhrend, gluckend, stöhnend, heulend Worte ins Mikrofon stieß, dabei mit den Hüften rotierte, sich immer mehr in seine Show hineinsteigerte. Schweißtropfen rannen über sein Gesicht, er keuchte die Songs hinaus, das lange Haar hing ihm wirr in die Stirn, flog im Rhythmus hin und her – bis er verkündete:

„Und nun, meine Damen und Herren, die Nationalhymne!"

Mit diesen Worten warf er seinen Körper in die heißen, peitschenden Rhythmen von „Hound Dog" hinein. Es war der Höhepunkt der Show, bei der Elvis Presley im rasenden, abgehackten Takt, den Rhythmus mit den Händen klatschend, sich in den Hüften wand, mit den Beinen zuckte und zitterte, hin und her tanzte, sich immer weiter zurückbeugend in die Knie ging. Am Ende warf er sich mitsamt dem Mikrofon auf den Boden und rollte hin und her, dabei die Strophen von „Hound Dog" hervorsto-

Die Teenager liebten ihn ...

... die Erwachsenen fanden ihn grauenhaft.

ßend, ins Mikrofon schreiend und keuchend. Wenn er von der Bühne verschwand, ließ er die meisten Teenager im Saal physisch und psychisch völlig erschöpft zurück.

Mochten Mädchen, in Amerika wie anderswo, am hingerissensten auf Presleys Stimme und Motorik reagieren – männliche Jugendliche waren es, die sein Erscheinungsbild für alle sichtbar nachahmten. Elvis-Tolle hieß das Stichwort, jener „Entenschwanz", der in Westdeutschland den Verbrauch an Brisk („ohne zu fetten, ohne zu kleben") und Brylcreem („trockenes Haar wird schmiegsam, struppiges fügsam"), die große Tube zu zwei Mark, bei Teenagern steil ansteigen ließ.

Bis dahin war Fassonschnitt gefordert als weiteres Sinnbild hausbackener Biederkeit. Gleichmäßig kurz, gleichmäßig langweilig. Getreu – so der verbreitete Kalauer – dem „Modell Nachttopf": auf die Köpfe gestülpt und angedrückt. Was über den Rand hervorstand, wurde rigoros gestutzt. Nun aber begannen die Mutigeren, ihr Haar in stundenlangem Bemühen, unter reichlicher Anwendung von Frisiercreme, vorn hochgestellt zu kämmen, an den Seiten eigens lang wachsen zu lassen. Wenn die Strähnen sich im Nacken trafen, war der Entenschwanz komplett.

Unbedingtes Muss bei dieser Frisur, besonders provozierend für Ältere: die Koteletten. Vorher war die Partie rund um die Ohren selbstredend „sauber" ausrasiert worden. Jetzt standen die Haare über, wirkten angeblich zottelig und unappetitlich – schlimmer noch, „unmännlich". James Dean hatte Tränen vergossen; Elvis Presley führte „Mädchenlocken" vor. Gründlich verinnerlichte Weltbilder der Elterngeneration wurden in Frage gestellt, wonach ein deutscher Junge sich keine Gefühle anmerken ließ, zäh wie Leder und hart wie Kruppstahl zu sein hatte.

„Let's get real gone for a change", forderte Elvis: Einmal verrückt spielen, alle andressierte Selbstbeherrschung fahren lassen, ekstatisch sich verrenken. Emotionen, Körperbewegungen, Frisuren – alles war in „adrette" Formen gepresst worden: Jugendliche sollten, elterlichem Vorbild und schulischen Ermahnungen gemäß, „ordentlich" leben, sich ordentlich anpassen, um später ordentlich Geld zu verdienen. Vielen Teenagern schien das plötzlich nicht mehr der einzige Weg in die Zukunft.

Die Rhythmen von „Rock around the clock" hatten verkündet: „Hört her, seht her, das sind *wir*, das ist *unsere* Musik." James Dean hatte vorgemacht, wie schwelender Widerwille gegen die Konventionen der Erwachsenenwelt umschlug in linkische und doch leidenschaftliche Auflehnung. Elvis Presley trat die Türen endgültig ein. Der schwarzen Musik, dem Rhythm & Blues, weit stärker verpflichtet als Haley, übernahm er daraus ein Gutteil der selbstbewussten Aggressivität, der erotischen Kraft seiner Darbietung. Ein *Lebens*-, nicht bloß ein *Musik*gefühl: Das war es, was Rock'n'Roll vermittelte, wie Presley ihn vorführte.

An der Botschaft, die er verkündete, war nichts Linkisches, nichts Schüchternes mehr. „Werdet wild!", lautete sie. „Wenigstens hin und wieder! Fügt euch nicht jedem Zwang! Tanzt euch aus! Tut schöne Sachen!" Bald scholl die Botschaft auch von der Leinwand. Presleys erster Film allerdings, *Pulverdampf und heiße Lieder*, fiel in der Bundesrepublik durch. Mit den heißen Liedern, die der deutsche Titel verhieß, war es – das hatte sich bald herumgesprochen – so weit nicht her.

Anders *Gold aus heißer Kehle*: Der nächste Streifen, in Breitwand und Technicolor, entschädigte die Teenager reichlich, begann und endete er doch mit „Got a lot o' livin' to do", einem der furiosesten Presley-Songs. Schüttelte „Elvis, the pelvis" beim Eingangsauftritt nur eben das linke Bein, bog sich auf den Hacken zurück, schwenkte gelegentlich den rechten Arm, so tobte er am Schluss die Gänge zwischen den Stuhlreihen entlang, mit rotierenden Hüften, fliegender Mähne, wild wie nie wieder auf der Leinwand. Zwischendrin stimmte er in einer Imbissbude zu Jukebox-Rhythmen den kaum minder aufrüttelnden „Mean Woman Blues" an, rockte quer durchs Lokal, verdrosch hinterher einen aggressiven Burschen, der sich mit ihm anlegen wollte.

Ob die Mädchen in den Kinosälen oder auf der Leinwand lauter kreischten, ließ sich manchmal schwer entscheiden. Jungen zogen sich die bunten Hemden aus, schwenkten sie über dem Kopf, während sie hin und her tanzten. Andere betätigten Trillerpfeifen und Autohupen. Mitunter schwappte das Getöse nach draußen über. In Berlin, in München, in Frankfurt verzeichnete die Presse groben Unfug wie bei *Außer Rand und Band*.

Prompt wetterte der katholische Film-Dienst gegen Presleys dritten Film als „perfektes Wunschbild verkommener Jugend". In *Rhythmus hinter Gittern* mimte Elvis einen Rowdy und schweren Jungen, der mit berechnendem Egoismus zum gefeierten Plattenstar aufstieg, um sich schlussendlich vom gefühlskalten Zyniker zum sensiblen Künstler zu läutern. Halbwegs zusammengehalten wurde die publikumsträchtige Mischung aus Reißer und Melodram von einem halben Dutzend Songs, darunter „Treat me nice" und „Baby I don't care". Bei der Präsentation des Titelhits „Jailhouse Rock" lieferte Presley wiederum eine Showeinlage ab, die den jugendlichen Besuchern in Hüften und Beine fuhr.

Schließlich *Mein Leben ist der Rhythmus*, angesiedelt in der Halb- und Unterwelt von New Orleans. Kämpfe zwischen jugendlichen Kriminellen mit Springmessern und abgebrochenen Flaschen zielten auf Erinnerungen an *Saat der Gewalt* beziehungsweise *…denn sie wissen nicht, was sie tun.* Elvis Presleys letzter Film vor der Einberufung zum Militärdienst kultivierte sein Image als „unschuldiger Rebell" à la James Dean, der wider Willen in gewalttätige Auseinandersetzungen hineingezogen wurde. „Hard Headed Woman" aus *King Creole* (wie der Film im Original hieß) und „Wear my ring around your neck" waren auch Presleys letzte hart-rasante Rock'n'Roll-Platten, die 1958 an die Spitze der Hitparaden gelangten.

Elvis Presleys Botschaft, provozierend, aufwühlend, anstößig, richtete sich ausschließlich an die Teenager. Sie grenzte einen Bereich ab, der allein den Jugendlichen gehörte, in dem kein Erwachsener mitzureden hatte. Bis dahin, so Udo Lindenberg, „hatten wir immer nur zu hören bekommen: ‚Dafür bist du noch zu jung.' Mit Elvis in den Ohren konnten wir zurückgeben: ‚Dafür seid ihr schon zu alt!'"

Spielt verrückt, werdet wild … Im Grunde war alles höchst harmlos, nur auf den Tanzboden bezogen, auf Parties, Rock'n'Roll-Konzerte. Aber konnte man wissen, ob es dabei blieb? Barg die Botschaft nicht Sprengstoff, drohte nicht die Anarchie? Dass da Röcke beim wilden Tanz hochflogen, Mädchen von ihren Partnern über die Schulter geschleudert wurden, dass die Teenager sich in einem Augenblick losgelassen verrenkten, um sich im nächsten, aneinander klebend beim Slow-Fox, kaum vom Fleck zu bewegen – dies alles wurde mit äußerstem Argwohn registriert, bot der Presse Anlass für immer neue abschätzige Kommentare zu den Themen Rock'n'Roll und Elvis Presley.

Ein besonders beliebtes Thema waren Anspielungen auf die Urwälder des dunkelsten Afrika. Die Intellektuellen-Postille *Der Monat* beispielsweise erinnerten die „bizarren Zuckungen" der Rock'n'Roll-Fans „an die *M'deup*-Tänzer im Senegal, die mit Gewalt aus der Reichweite ihrer Kult-Trommeln gebracht werden müssen." Der katholische Film-Dienst sah, wen wunderte es, in Presley das Obsiegen „dummer Triebhaftigkeit" verkörpert. Tiefschürfender die *Frankfurter Illustrierte*. Ihr galt Elvis Presley als „Künder kollektiver Selbstaufgabe im Atomzeitalter":

> Denn er, der Sänger, wimmert und heult nicht mehr – „es" wimmert und heult in ihm, aus ihm heraus, dieses instinktive Gefühl der Sinnlosigkeit eines Daseins ohne Ziel.

Für den *SPIEGEL*, der sich entschlossen auf die Seite des perplexen Bildungsbürgertums schlug, zielte der „halbe Analphabet" Presley direkt auf den Unterleib: Mit der „Gestik einer talentierten Entkleidungstänzerin" provozierte er Mädchen dazu, so die etwas krause Konstruktion, ihm „Teile ihrer Unterbekleidung" auf die Bühne zu schleudern.

Schon Elvis Presleys bloßer Anblick musste den Kulturredakteuren des Magazins wahre Alpträume bereiten. Der Gesichtsausdruck des Sängers gleiche, hieß es – wie schon im ersten Kapitel zitiert – dort 1956, „den Zügen eines Mannes, der nach einer solennen Sauferei morgens früh um halb fünf das Tageslicht erblickt." Zwei Jahre später ließ Presleys Mimik den *SPIEGEL* gar an den Untergang des Abendlandes denken. Sein Mienenspiel sei, hieß es anlässlich der Aufführung von *Mein Leben ist der Rhythmus*, „für den zivilisationsbewussten Zeitgenossen ein deutlicheres Alarmsignal als jedes Wort und jeder Kinnhaken."

Anfängliche Ausnahme von der Regel: *BRAVO*. Unter der cleveren Parole: „Wir sind die erste Zeitung, die fair über ihn berichtet" druckte das Blatt reihenweise Artikel, die Verständnis demonstrierten für den „Jungen aus Missouri" (der bekanntlich aus Mississippi stammte). Beispiel Koteletten:

„Damals", erzählte Elvis „waren sie für mich so etwas wie eine Unabhängigkeitserklärung. Ich dachte, Koteletten würden mich älter aussehen lassen. Und Erwachsensein war für mich gleichbedeutend mit unabhängig. Als man später anfing, mich wegen meiner Frisur anzugreifen, änderte ich sie aus purem Trotz nicht." Das ist typisch Elvis. Sein Freiheitsdrang ist kaum zu bändigen.

Das kam an bei den *BRAVO*-Lesern, traf exakt die Stimmungslage derer, die sich mit Rock'n'Roll und Presley identifizierten. Ein, zwei Jahre später, als das Blatt sich auf dem Markt etabliert hatte, als die *BRAVO*-Macher glaubten, sich ihrer Käufer halbwegs sicher zu sein, wechselten sie den Kurs. Jetzt schwenkte *BRAVO* ein auf die Linie der Proklamierung von Ordnung und Sauberkeit. Widerspenstig rebellierende Teenager sollten zu artig konsumierenden umgebogen werden.

Unter apodiktischen Überschriften wie „Die Koteletten sind tot!" und „Schluß damit!" rechnete *BRAVO* in einem Atemzug ab mit „langen unordentlichen Zottellocken" und mit dem „übertriebenen Theater von Elvis", mit „Rekordversuchen in Bodengymnastik", „Synkopengrätschen" und „Liegestütz mit eingebautem Tremolo". Stattdessen: „Ein Bravo den sauberen Köpfen" und ein Lob dem „normalen" Elvis, nach dem Motto: Wer weniger wackelt, singt besser.

Was verrückt war, galt es zu bändigen. Diejenigen, die ausgebrochen waren, sollten wieder eingefangen werden. „Die Mädchen flogen nur so durch die Luft", hatte *BRAVO* anfangs posaunt, als das Blatt im Rahmen seiner Strategie, sich den neuen Teenagermarkt zu erobern, den

„deutschen Meister im Rock and Roll" suchte. Jeans, karierte Hemden, enge Pullover waren angesagt. Nicht lange, und *Fox Tönende Wochenschau* informierte über das erste Münchener Rock'n'Roll-Turnier in Frack und Abendkleid, mit dem der Tanz „endgültig gesellschaftsfähig" geworden sei.

1958 traf der Rekrut Elvis Presley an Bord eines Truppentransporters in Westdeutschland ein. „Rock and Roll is here to stay / It will never die", sang eine Gruppe namens Danny and the Juniors trotzig, die im Jahr zuvor mit „At the Hop" ihren ersten Hit gelandet hatte. Rock'n'Roll würde sich behaupten, ganz gleich, was irgendwelche Leute meinten. In der Tat: Rock'n'Roll überlebte wie die neuen Frisuren – nicht gänzlich zurückgestutzt auf die Marke „Da freut sich Papi", aber doch erheblich gezähmt.

Auf ins tabu und zum Montmartre

> „Wer im Umkreis von München lebte, den zog es ins Schwabinger tabu, und wer rund um Düsseldorf wohnte, den lockte das New Orleans. Abends trampte man los, hielt sich die Nacht über an zwei Rum-Cola fest und schwofte bis vier Uhr früh. Wer Mut hatte, stärkte sich morgens aus Brötchentüten und Milchflaschen, die vor den Haustüren zum Zugriff einluden. Anschließend ging's zurück zur Autobahn."
> Ehemaliger Gymnasiast

Erste Gelegenheiten, ihre Wirkung auf das jeweils andere Geschlecht zu erproben, bot Teenagern nicht selten die obligate Tanzstunde. Sie im Kleid oder in Rock und Bluse, er mit Jackett und (mühsam zum populären Windsorknoten gebundener) Krawatte – wie die Etikette bestimmte. Erstmals wurden Lidstrich und Lippenstift eingesetzt, konnten die Rasierwasserannoncen, die den Duft von Old Spice oder Yardley priesen, mit Beachtung rechnen. War man sich nähergekommen, dann trafen sich beide, diesmal in Jeans und Pullover, bei nächster Gelegenheit in einem der Hotclubs, die aus dem Boden schossen.

Etikette wurde nicht nur bei Tanzkursen großgeschrieben. Gute Manieren in jeder Lebenslage, Korrektheit, die einem „Genugtuung" bescherte noch beim „Alleinsein mit sich selbst" (Pappritz/Graudenz in ihrem Anstandsbuch): Dazu wollten die Tanzschulen ihren Teil beisteuern, indem sie – laut Tanzlehrerzeitschrift *Parkett* – den „Bewegungsausdruck" der Jugend „veredelten". Hemdsärmelig durfte es dabei unter keinen Umständen zugehen. Sich des Jacketts auch nur vorübergehend zu entledigen, galt als unfein. Und beim Schlussball hatten nicht selten die „Herren", ebenso wie die „Damen", zur Vermeidung von Schwitzhänden weiße Handschuhe zu tragen. Wer sich diesen Benimmregeln nicht fügte, der tanzte nicht, sondern (so das *Parkett*) der „schwofte".

Hingebungsvoll zu schwofen aber fanden zahlreiche Teenager durchaus attraktiv. In den Hotclubs, die häufig ein bestimmtes Flair kultivierten, gingen Rock'n'Roll und Jazz eigenwillige Verbindungen ein. Meist handelte es sich um Keller, erreichbar über schummrige Treppen oder durch finstere Gänge. Auf den Tischen flackerten in leere Chiantiflaschen gesteckte Kerzen. Combos, nicht selten Studenten (Mindestbesetzung: Klavier, Saxophon, Schlagzeug), spielten mit häufigen Soloeinlagen fast ohne Pause. Und die Pferdeschwanz-Mädchen samt ihren Jünglingen tanzten nicht minder besessen, legten, wie das im zeitgenössischen Jargon hieß, zu schrägen Tönen manche kesse Sohle aufs Parkett.

Solcher kessen Sohle, auch als Rock'n'Roll „im freien Stil" bekannt, hat Franziska Bilek in ihrem literarischen Geständnis *Mir gefällt's in München* vor vierzig Jahren ein unnachahmliches Denkmal gesetzt.

Er zieht mich durchs Gewühl in eine Ecke,
geht ein paar Schritte zurück,
mustert mich scharf;
macht zwei pantherartige Schritte auf mich zu,
schnellt den Arm vor, reißt mich zu sich her,
stößt mich weg, reißt mich wieder her
und dreht mir das Handgelenk um,
dass ich schleunigst um die eigene Achse kreise.
Dann reißt er mich herum und hinum –
er arbeitet mit der Präzision eines Presslufthammers.
Endlich ist der Kampf zu Ende.

Franziska Bileks Fazit (und Begründung für die detaillierte Darstellung): „Unsere Enkel sollen einmal wissen, wie man mit ihren Großmüttern umgegangen ist."

Hans Herbert Blatzheim, geschäftstüchtiger Stiefvater Romy Schneiders, entdeckte die Kellerlokale als Goldgrube. Seine „tabu" genannten „Künstler"keller in Bonn und Köln, Düsseldorf, Hannover und München avancierten mit flotten Sprüchen („Eine weiße Maus macht noch kein Delirium" / „Im tabu sind alle littiti") zu bevorzugten, aber durchaus nicht konkurrenzlosen Tanzlokalen der Teenager. In Düsseldorf war es das „New Orleans" (berühmt wegen seiner Live-Bands), in Bonn der „Twice Club", in München das „Babalu", die mit Blatzheims Betrieben um die Gunst der Jugendlichen wetteiferten.

Eine Rum-Cola kostete allenthalben 2 Mark 50. An zwei davon konnte man sich eine Nacht lang festhalten. Ein warmes Würstchen, eine Gulaschsuppe, ein Wurstbrot waren für ein bis zwei Mark zu haben. Das ließ sich ertragen.

Allerdings wohnte nicht jeder nahe bei einem der berühmteren Hotkeller, deren Ruf sich rapide verbreitete. Dann wurde am Wochenende getrampt, um das begehrte Ziel zu erreichen. Autostop war so gang und gäbe, dass selbst Pappritz/Graudenz in ihr Bildungswerk den Hinweis aufnahmen, Autobesitzer sollten die an Landstraße oder Autobahn aufgelesenen Tramper einen Zettel unterschreiben zu lassen, wonach sie bei Unfällen auf Schadensersatz verzichteten. Derart förmlich ging es allerdings höchst selten zu.

Packten die Musiker um vier Uhr morgens ihre Instrumente zusammen, komplimentierten „tabu" oder „New Orleans" ihre letzten Gäste hinaus, dann bot sich notfalls der Bahnhof an, um dort den Rest der Nacht zu verbringen. In jenen idyllischen Zeiten schenkte einem eher eine mitleidige Seele eine Zigarette, als dass man des Gebäudes verwiesen wurde. Frühmorgens stärkte man sich aus den Brötchentüten und Milchflaschen, die vor Haus- oder Gartentüren zum Zugriff einluden. Von dem improvisierten Frühstück inspiriert, stimmte manche Teenagerclique auf dem Rückweg zur Autobahn lauthals als die deutsche Version von „Hound Dog" an:

Ja, heute geh' ich nicht nach Hause,
heute bleib' ich bei dir.
Ja, was soll ich denn zu Hause?
Es ist viel schöner bei dir.
Und wenn der Milchmann mit der Milch kommt,
bin ich immer noch hier.

Schließlich war der Sänger, Ralf Bendix, im Düsseldorfer „tabu" entdeckt worden – *BRAVO* hatte ausführlich davon berichtet. Bendix wurde als Direktor der amerikanischen Fluglinie TWA mit Pilotenschein vorgestellt. Das imponierte den Jugendlichen, die vom Fliegen vorerst nur träumen konnten.

Für Scharen von Teenagern mit schmalem Geldbeutel, aber ausgeprägter Reiselust galt Trampen, wie erwähnt, als gängiges Fortbewegungsmittel. Jugendherbergen boten primitive, aber billige Übernachtungsmöglichkeiten. Wunschtraum war der LKW-Fahrer mit leerer Ladung, der von München bis nach Norddeutschland fuhr, am Verteilerkreis sämtliche Gestalten einsammelte, die dort den Daumen reckten, und pro Nase maximal fünf Mark kassierte. Der sich aufschrieb, wo jeder hinwollte, und alle auch prompt an ihrem Ziel absetzte.

Noch mehr als Düsseldorf oder München lockten Paris und London, Saint-Germain-des-Prés und Soho. Rühmte sich nicht das „tabu", seine Devise „Heiße Musik mit Brötchen" sei dem Pariser Montmartre nachempfunden? Tatsächlich lag, wie westdeutsche Jugendliche nach ihrer Ankunft schnell feststellten, das Original-Tabou an der Ecke Rue Christi-

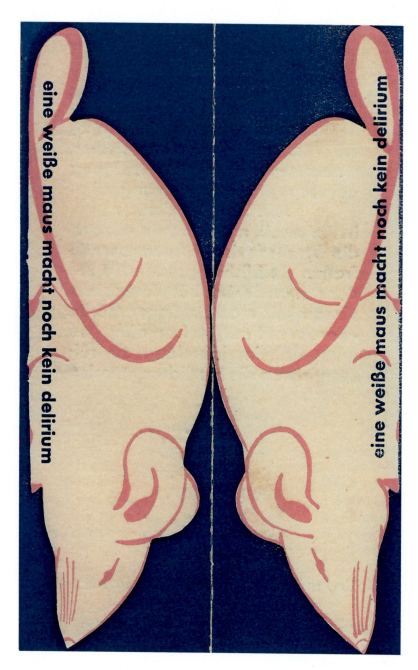

Mit kessen Sprüchen warben die „tabu"-Keller.

nimm dieses hin als
freibrief
der dir verstattet dich trefflich zu unterhalten in dem tabunesischen staatsverband. gegen vorzeigung der maus erwarten dich ungeahnt herrliche stunden.
heiße musik mit brötchen - das ist die staatsdevise - bezaubernde frauen weiblichen geschlechts kredenzen an der bar köstliche drinks. einsamkeit macht männer mürbe - darum auf auf, oh fremdling - du wirst daheim jahrelang zu rühmen wissen die herrlichen stunden im

tabu
künstlerkeller nach
mont - martre

bonn
meckenheimer Straße 6-8

noch'n tabu:
köln, münchen, düsseldorf, hannover

XI/58/5 M/Fe BLATZHEIM

Ihr Betreiber: Romy Schneiders Stiefvater

ne/Rue Dauphine, im Quartier Latin also – nicht anders als Cave de la Huchette, Club Saint-Germain und sonstige Keller mit leicht existentialistischer Note.

Als Sammelpunkte für Dichter und Philosophen, Maler und Musiker, für Lebenskünstler aller Art hatten Montmartre und Montparnasse längst ihren Rang an das Viertel um Kirche und Platz von Saint-Germain-des Prés verloren. Saint Germain galt als Geburtstagsstätte des Existentialismus – ob damit nun die Philosophie gemeint war oder bloß ein „unkonventioneller" Lebensstil.

Jugendliche aus der Bundesrepublik konnten von Glück sagen, wenn Albert Camus' Roman *Die Pest* im Unterricht behandelt, dabei auch die Existenzphilosophie angesprochen worden war. Nun hörten sie Namen wie Jean-Paul Sartre, Simone de Beauvoir, René Clair, Raymond Queneau aus Literatur, Theater und Film. Sie machten Bekanntschaft mit Chansons, jener von daheim noch kaum vertrauten Mixtur aus Dichtung und Musikalität. Dargeboten von Juliette Gréco, die schwarz gekleidet, mit schwarz umschatteten Augen und langen schwarzen Haaren die Erinnerung an den Existentialismus kultivierte. Oder von George Brassens, der mit Schnurrbart, Pfeife und Gitarre den melancholischen „artiste" in René Clairs zur selben Zeit gedrehtem Pariser Milieufilm *Die Mausefalle* verkörperte.

Abends tanzten die westdeutschen Teenager in den Kellern, den „caves", zu Boogie und Dixieland, verliebten sich manchmal in gleichaltrige Französinnen und Franzosen. Und bald stellten sie fest, dass Liebespaare sich in aller Öffentlichkeit ganz unbekümmert küssen konnten, ohne dass jemand im geringsten Anstoß nahm.

Natürlich gab es Jazzfans unter den Jugendlichen, die statt auf Paris auf London schworen. Wo Ken Colyer im Studio 51 spielte, Humphrey Lyttelton in der Oxford Street 100 und Chris Barber ein paar Hausnummern weiter. Nicht zu reden von Kellern wie (einmal mehr) dem Taboo oder dem Marquee unweit der U-Bahn-Station Tottenham Court Road. Die Mädchen lächelten auch hier zurück, wenn man sie anlachte. Unvorstellbar in der Bundesrepublik: Sie tanzten sogar miteinander.

Als beliebte Anlaufstelle diente die Herberge des CVJM (hier als German YMCA firmierend) in der Finchley Road im Norden Londons. Denn Londonaufenthalte waren kostspielig für die Jugendlichen. Viele hatten sich ohnehin Geld verdienen müssen, ehe sie lostrampten. Die Kanalfähre musste in jedem Fall bezahlt werden. Und die Mark stand extrem ungünstig gegenüber dem britischen Pfund. Manch einer beließ es bei ein oder zwei Besuchen in Chris Barbers Jazz Club am Oxford Circus, lauschte dort andächtig auf „Ice Cream" und immer wieder „Ice Cream".

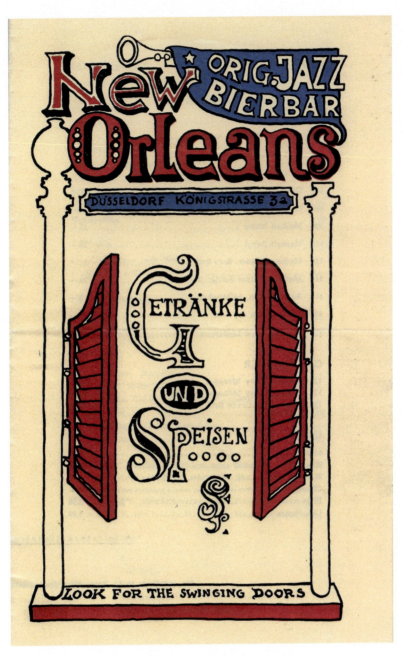

Das „New Orleans" in Düsseldorfs Königstraße: Hier konnte man Ken Colyer hören.

Wer Glück hatte, lernte musikverrückte englische Teenager kennen, wurde in einen Privatkeller eingeladen, wo Amateurbands die neueste Masche improvisierten: Skiffle, populär gemacht durch Chris Barbers früheren Banjospieler Lonnie Donegan. Seine Platten, wie „Cumberland Gap" oder „Puttin' on the Style", konkurrierten mit Presleys und Haleys Aufnahmen um die vorderen Plätze der britischen Hitparaden. Neben Gitarre oder Banjo war das wichtigste Instrument ein Waschbrett. Dazu kamen gegebenenfalls Trompete oder Klarinette und ein Bass, der sich aus Fallschirmleine, einer Kiste und einem Besenstiel basteln ließ.

Wer noch mehr Glück hatte, konnte im Spätsommer 1958 erleben, wie bei Chris Barber jene Szenen aus John Osbornes *Blick zurück im Zorn* verfilmt wurden, in denen Richard Burton als Jimmy Porter Jazztrompete blies. Osbornes erfolgreiches Theaterstück thematisierte einmal mehr das aggressive Aufbegehren eines jungen Mannes gegen die einschnürende Gleichförmigkeit von Presse, Politik, Religion, Familie – seiner gesamten Umwelt. Mit dem Unterschied allerdings, dass der „proletarische Nonkonformist" Jimmy Porter erheblich rabiater um sich schlug als beispielsweise James Dean in ... *denn sie wissen nicht, was sie tun*. Der Ausdruck „zornige junge Männer" wurde im Handumdrehen zum Gemeinplatz.

Jugendliche, die ihren Englischkenntnissen genügend trauten, sahen sich das Stück in einem der Londoner Theater an, die es ständig spielten. Möglichst am Sonntagabend, in dem Bemühen, auf diese Weise den langweiligsten Tag der britischen Woche zu verkürzen. Der Sonntag bot sich auch an, um die Redner in Augenschein zu nehmen, die am Marble Arch, dem östlichen Zugang zum Hyde Park, für ihre fixen Ideen warben. Um die Wachablösung der „Bärenfellmützen" vor dem Buckingham Palace zu verfolgen. Oder um aus nächster Nähe, heute unvorstellbar, den Eingang zur Downing Street 10 zu fotografieren, dem Sitz des britischen Premierministers.

Natürlich standen Filme obenan bei dem Versuch, Abwechslung in den tristen britischen Sonntag zu bringen. Dass im Kino geraucht werden durfte, fand bei den meisten ungeteilte Zustimmung. Ebenso die Möglichkeit, beliebig auszuharren, nachdem man Eintritt bezahlt hatte, und sich denselben Film bei Gefallen oder an verregneten Nachmittagen mehrmals zu Gemüte zu führen. Wer allerdings zu lange sitzen blieb und die Nationalhymne weder kannte noch ahnte, dass man sich dabei zu erheben hatte, der riskierte, von seinen Nachbarn unsanft in die Höhe gezerrt zu werden, sobald nach der letzten Vorstellung „God Save the Queen" erklang.

Zählten Bobbies und Big Ben, Whitehall und Westminster, altertümliche Taxis und rote Doppeldeckerbusse zu den bestaunten Attraktionen Londons, so bescherte Paris den Jugendlichen erheblich hautnähere Erfahrungen. Die Place Contrescarpe, bevölkert von zerlumpten Clochards. Als Kontrast glitzernde Lichtspielpaläste entlang der Champs Elysées. Zahllose Cafés, deren Terrassen die Gäste teilhaben ließen am Treiben auf den Bürgersteig. Toiletten eine Etage tiefer, bestehend aus einem Trittsockel und einem Loch im Boden. Wer nicht beim Ziehen rechtzeitig wegzuspringen lernte, verließ den Ort mit nassen Füßen. Der Jardin du Luxembourg, idealer Platz für eine preiswerte Mahlzeit aus phantastisch krossem Baguette und einem Stück Käse.

Andere Küche, unvertraute Getränke, fremde Zigaretten: Gaumen und Nase vermittelten einige der nachhaltigsten Eindrücke. Schwarzer französischer Tabak ließ sich mit den milden westdeutschen Marken nicht vergleichen. Wer erstmals den Rauch einer Gauloise oder Gitane einsog, meinte einen Tritt in die Lunge zu spüren. Dieser oder jener erwärmte sich hustend für den robusten Geschmack. Roth-Händle und Reval dienten, wieder zu Hause, als unvollkommener Ersatz.

Ganz anders das eher süßliche Aroma der pflaumensaftgetränkten amerikanischen Pall-Mall-Zigaretten, die man auf den Kanalfähren nach England billig kaufen konnte. Eine Stange bei der Rückfahrt durch den Zoll zu schmuggeln, galt als Ehrensache.

Eingedenk ihres Geldbeutels verpflegten sich viele Jugendliche, die es nach London zog, hauptsächlich mit Fisch und Chips, zu niedrigen Preisen angeboten, in den Lyon's Corner Houses. Steak und Kidney Pie dagegen probierten die meisten nur einmal. Ein Ploughman's Lunch – Mixed Pickles und Cheddarkäse – im nächstgelegenen Pub war ebenso erschwinglich und mundete noch eher. Allenfalls eine Minderheit freundete sich mit dem bitteren, lauwarmen Ale an, das dort aus den Zapfhähnen lief. Wer allerdings Geschmack daran fand, bestand künftig nicht mehr darauf, ein Bier müsse unbedingt eine Schaumkrone aufweisen und sieben Minuten lang gezapft sein.

In Paris weckte bereits die unendliche Vielfalt der Weine Ehrfurcht bei den Teenagern, stellte sie vor kaum lösbare Probleme. In winzigen, preiswerten Restaurants aus der – oft handgeschriebenen – Speisekarte schlau zu werden, überforderte nicht selten ihre Sprachkenntnisse. Wer Kalbsschnitzel gemeint hatte und Kalbszunge erhielt, konnte noch von Glück sagen. Schlechter erging es dem, der sich in seiner Ratlosigkeit vom Wirt zur Spezialität des Hauses überreden ließ und beispielsweise gefüllten Gänsehals vorgesetzt bekam.

Falls ihm die scharf gewürzten Innereien widerstrebten, aus denen die Füllung bestand, war es kaum ratsam, dem Hund des Wirts unauffällig Stücke hinzuwerfen. Der mochte im Zweifel auch keinen Gänsehals und verbellte den unvorsichtigen Gast. Um den erzürnten *patron* zu besänftigen, bedurfte es allemal der zusätzlichen Bestellung eines *bifteck*. Ein einziges derartiges Erlebnis genügte, um ein Loch in die Ferienkasse zu reißen.

Dafür entschädigte nach durchtanzter Nacht das Muss jedes Parisaufenthalts: ein ausgedehnter Bummel durch und rund um die Markthallen, *les Halles*, für die Literaturkenner der „Bauch von Paris". Mit neugierigen Augen wanderten die Jugendlichen endlose Reihen von Rinder- und Schweinehälften entlang, wichen stämmigen Lastträgern in blauem Arbeitszeug aus, zwängten sich zwischen Gemüseständen, Kistenstapeln, Lieferwagen hindurch. Und starrten mit noch größeren Augen die Straßenmädchen an, die nirgendwo so zahlreich in Erscheinung traten wie im Hallenviertel.

Insgeheim gehegte Erwartungen hinsichtlich der „Verworfenheit" von Paris erfüllten sich hier. Manche wollten an der Ecke Rue Berger/Rue St. Denis zwanzig Prostituierte auf zehn Metern gezählt haben.

Gegen vier, fünf Uhr früh drängte dann alles ins *Cochon d'Or*, das Goldene Schwein, oder in den *Chien Qui Fume*, den Rauchenden Hund, um die obligate, mit Käse gratinierte Zwiebelsuppe zu bestellen. Während draußen die Abfälle zusammengefegt wurden und dicke Wasserstrahlen sich auf die Straßen ergossen, trotteten die Jugendlichen schließlich zur ersten Métro.

In Westdeutschland waren dies die Rotkohl- und Wirsing-, die Rouladen- und Gulaschjahre. Als Höhepunkt kulinarischer Exotik galt der von Clemens Wilmenrod vor laufender Fernsehkamera zubereitete Toast Hawaii. Erste Beschäftigungsverträge mit Italien, dann mit Spanien und Griechenland wurden gerade geschlossen. Dass als Folge nicht nur „Gast"arbeiter in die Bundesrepublik kamen, sondern Menschen mit eigenen Bedürfnissen, stellte sich erst später heraus. Bis Pasta und Moussaka, Zucchini und Gorgonzola sich etablierten, sollte noch eine Weile vergehen.

Einstweilen blieb es den westdeutschen Teenagern vorbehalten, die frühmorgens verfolgten, wie der Käse auf ihrer Zwiebelsuppe Fäden zog, von ihren Ausflügen ins Quartier Latin und zum Montmartre mit aufregenden Botschaften zurückzukehren. Schnecken konnte man essen, Knoblauch war ein leckeres Gewürz, Emmentaler und Harzer nicht die einzigen Käsesorten. Deswegen änderte sich zu Hause zwar noch keineswegs der Speisezettel. Wir aber fühlten uns – einmal mehr – auf der Höhe der Zeit.

Utopia statt *Billy Jenkins*

„Science Fiction, die neue Literaturgattung des 20. Jahrhunderts, ist ein Kind unseres Zeitalters, der sichtbare Ausdruck einer technisch-zukunftsweisenden, völkerverbindenden Geistesströmung."

Utopia-Sonderband (1955)

Endlose Prärie, wilde Ritte, Revolverduelle: Das war zunächst die Mischung, die unentwegt Anklang fand in jenen Heftchen, die Halbwüchsige unter der Schulbank verschlangen, anschließend tauschten, weiterverliehen. Und niemand symbolisierte das Gute, das auf 32 Heftseiten in wildwestlicher Wildnis immer von Neuem über das Böse siegte, derart erfolgreich wie Erich Rudolf Rosenthal alias Billy Jenkins. Die Werbung bezeichnete den einstigen Raubvogeldresseur, Zirkusreiter und Kunstschützen unverdrossen als „Cowboykönig" – fünfmal sollte er auf Rodeos den Titel errungen haben. Anfang 1954 starb Jenkins 68-jährig an den Folgen schwerer Verletzungen, die er vierzehn Jahre früher erlitten hatte. Während einer Tournee mit dem Zirkus Busch war ein Wohnwagenbrand ausgebrochen. Jenkins hatte vergeblich versucht, seine dressierten Raubvögel vor den Flammen zu retten. Nach seinem Tod teilte der Verlag unverdrossen mit, es hätten sich „Aufzeichnungen" gefunden, so dass die Veröffentlichung weiterer Geschichten gewährleistet sei.

Immer mehr Jugendliche aber fanden Cowboys und Sheriffs, Goldsucher und Viehdiebe buchstäblich von gestern. Pressemeldungen über Atomenergie, Industrieroboter, Elektronengehirne, Raketenversuche, nicht selten verfasst unter dem Eindruck von Robert Jungks meisterhafter Reportage *Die Zukunft hat schon begonnen*, wirkten manchmal mehr als noch so reißerische Heftchentitel vom Schlage „Männer, Colts und Pulverdampf".

Hier taten sich neue, moderne Welten auf, die ungeahnte Abenteuer verhießen. Einen künstlichen Mond von Fußballgröße – „in 90 Minuten einmal um die Erde" – kündigte die amerikanische Regierung Mitte 1955

„Alle Sterne wirst Du seh'n – mein Raketenkapitän …"

Richard Johannes Rudat – fiktiver Autorenname „Alf Tjörnsen" – dachte sich 1953 Kommodore Jim Parker aus, den Serienhelden der Reihe „Utopia". Sein ganzes Leben verbrachte Rudat im schleswig-holsteinischen Dithmarschen. Mochte sein „Raketenkapitän" deshalb auch nacheinander zum Mond, zur Venus, zu Merkur und Mars fliegen: Heimat und Idylle durften nicht gänzlich fehlen. In der Raumschiffkombüse wurde Grog gebraut; und wenn, nach einem Haaresbreite missglückten Unternehmen, der mit dem Fallschirm abgesprungene Jim Parker aus der Ostsee gefischt werden musste – wer saß in dem Boot, das ihn aufnahm? Ausgerechnet ein alter Fischer, gemächlich sein Pfeifchen schmauchend.

Technisch robust und dabei gemütvoll – „motorisiertes Biedermeier" (Erich Kästner), ausgelagert ins Weltall: Das war Rudats Rezept, ideal auf einen Verlag zugeschnitten, der bisher mit Heimatschnulzen („Lore-Romane") Erfolg gehabt hatte.

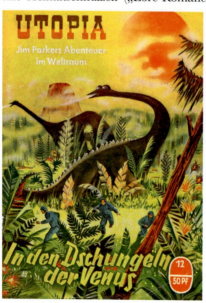

Im Übrigen tummelten sich auf den Heftseiten fremdländische Spione und wild gewordene Wissenschaftler mit entsprechenden Namen (Professor Skeleton). Der Planet Venus galt bis zum Eintreffen sowjetischer und amerikanischer Forschungssonden noch als urzeitliche, mit Sauriern bevölkerte Dschungelwelt (siehe links).

Wie sieht die Welt von morgen aus?

Raumschiffkommodore **Jim Parker** aus der neuen Zukunftsserie **UTOPIA**

Schon immer hatte die Menschheit den unstillbaren Wunschtraum, einen Blick in die Unendlichkeit des Weltalls zu werfen oder zu erfahren, wie die Welt von morgen aussieht. Deswegen wurden schon immer Zukunftsromane geschrieben, die ihrer Zeit vorauseilen und in phantastischen Beschreibungen Fahrten und Abenteuer im Weltraum schildern. Ein großer Erfolg in dieser Art ist im 19. Jahrhundert der bekannte Roman von Jules Vernes „Die Reise von der Erde zum Mond". Heute haben die Romane von Hans Dominik, H. G. Wells — um nur einige Namen zu nennen — eine suggestive Anziehungskraft auf die Leser. Vieles, was zum Beispiel vor Jahren noch Phantasie, Utopie war, ist bereits Wirklichkeit geworden. Erstaunlich ist aber nur, daß in Deutschland, obwohl unser Zeitalter im Zeichen der Atomphysik und Raketentechnik steht, an Zukunftsliteratur noch nicht viel vorhanden ist, wenn man von wenigen teueren Buchausgaben absehen will.

Ganz anders aber ist es in Amerika. Dort hat seit Jahren die Romanliteratur, die sich auf der Grundlage von wissenschaftlichen Ideen mit der Zukunft der Technik befaßt, weiteste Verbreitung gefunden. Man nennt sie in Amerika die Science-Fiction-Literatur. Sie kommt in billigen Romanausgaben heraus und wird von einer großen Leserschaft gelesen. Der Grund dafür, daß in Deutschland die Zukunftsromane noch nicht die allgemeine Bedeutung wie in Amerika haben, liegt an dem bisherigen Fehlen solcher billigen Ausgaben.

Nun bringt der Verlag Erich Pabel, Rastatt, zum erstenmal für Deutschland moderne Abenteuer und phantastische Erlebnisse im interplanetaren Raum, die heute noch als Utopie angesehen werden, morgen vielleicht aber schon Tatsache sind, in der neuen, preiswerten **UTOPIA**-Serie heraus. Vierzehntägliches Erscheinen.

In **UTOPIA** liest der deutsche Leser in allgemeinverständlicher Darstellung die aktuellen Themen der Atomphysik, der Raketentechnik, der Weltraumschiffahrt und der Weltraumstationen im Rahmen einer spannungsgeladenen Handlung. Die neuartige Serie wird jedem Freund von Kriminal- und Abenteuerromanen eine nicht weniger spannende, ganz neue Form von Unterhaltungslektüre bieten. Jeder **UTOPIA**-Band kostet nur 50 Pf und ist durch jede Zeitschriftenhandlung oder direkt durch den Verlag zu beziehen.

Kommodore Jim Parker und sein Steuermann Fritz Wernicke: Deutsch-amerikanische Allianz auch im Weltraum

an, geplant als Beitrag zum Geophysikalischen Jahr, das 1957 anstand. „Mondflug keine Utopie mehr", prophezeiten Kommentatoren während der nächsten Monate. „Die Raumfahrt hat schon begonnen", trompetete der *SPIEGEL*, Jungk variierend, zum Jahresende. Dass die Zeitschrift Wernher von Braun als den „Kolumbus" des Unternehmens präsentierte, gab jugendlicher Raketenbegeisterung noch mehr Auftrieb, wurde von Brauns Name doch allgemein assoziiert mit der „Wunderwaffe" V 2.

Technische Zukunftsromane, nach dem Krieg neu aufgelegt, hatte schon Hans Dominik seit den 20er Jahren verfasst. Aber Dominiks Geschichten waren den meisten Jugendlichen zu hausbacken – Ort der Handlung blieb in aller Regel die Erde. Was sie suchten, Weltraumabenteuer einmal quer durchs Sonnensystem auf 48 Seiten für 50 Pfennig, bot ihnen seit 1953 der Rastatter Pabel-Verlag mit der Reihe „Utopia". Die Werbung setzte gezielt auf einen Begriff, der bis dato in der Bundesrepublik kaum bekannt war. Man wollte sich abgrenzen von Dominik, sich schmücken mit einem zeitgemäß überseeischen Image:

„Science Fiction: Ein amerikanischer Riesenerfolg – ganz neu für Deutschland."

Natürlich gehörte dazu ein amerikanischer Serienheld, Kommodore Jim Parker, Pilot einer Behörde namens Staatliches Atom-Territorium, S.A.T. Aber auch ein Deutscher musste dabei sein, wenn der Weltraum erobert wurde – (west-) deutsch-amerikanische Allianzen lagen schließlich im Trend der Zeit. Als Freund und Begleiter Jim Parkers fungierte der verschmitzte Fritz Wernicke, ausgestattet mit einer Vorliebe für Hochprozentiges, die ihm den Spitznamen „Whiskytöter" einbrachte.

Hübsche Mädchen, die von dem feschen Kommodore träumten, ließ der Verfasser Richard J. Rudat (alias Alf Tjörnsen) einen sehnsüchtigen Schlager trällern:

> Raketenkapitän, Raketenkapitän,
> wann gehst du auf die große Reise?
> Alle Sterne wirst du seh'n,
> doch was soll mit mir gescheh'n –
> mein Raketenkapitän?

Leider fand sich kein Komponist, der diese Zeilen vertont, kein Gesangsstar, der sie angestimmt hätte ...

Fünf Jahre später, im Sommer 1958, sah die Sache ganz anders aus. Da landete, wie aus dem ersten Kapitel erinnerlich, Sheb Wooleys rock'n'roll-versessener Alien auf der Erde. Ein Dreivierteljahr lag die Sputnik-Sensation zurück, gerade ein halbes der Start des amerikanischen

Vorwärts und aufwärts sollte es gehen: Mit Science Fiction auf der Höhe der Zeit ...

Erdsatelliten Explorer. Wooley hätte sich keinen passenderen Zeitpunkt aussuchen können für seinen rockenden Außerirdischen. Wenige Wochen zuvor hatten die Sowjets ihre Absicht verkündet, eine Rakete zum Mond zu schießen, hatte Präsident Eisenhower die nächsten Satellitenpläne im Weltraum-Wettlauf mit der Sowjetunion bekannt gegeben. Und was hatte Eisenhower versichert, als er vor die Presse trat?

„Keine Science Fiction!"

Die Zukunft in der Tasche

„Wer kennt den George, den Fritz, den Jens?
Man nennt sie ‚Science Fiction Fans'.
Sie sind voll froher Zuversicht, sie seh'n der
Sterne Glanz und Licht ..."
Jugendlicher Raumfahrtenthusiast (1956)

Zufall, aber dennoch Symbol: Im selben Jahr, in dem Billy Jenkins starb, lancierte der Pabel-Verlag eine zweite Reihe, bei der es um Raumpiloten und Raketen ging: „Utopia-Großband", glanzkaschiert, doppelt so umfangreich und doppelt so teuer wie die „Utopia"-Hefte. Marktschreierisch angekündigt als „die besten Science-Fiction-Romane der Welt", stellten die ersten anderthalb Dutzend Fabeln dritt- oder viertklassige Übersetzungen dar. Die Strahlpistole ersetzte den sechsschüssigen Revolver, die Rakete das bockende Cowpony, der Raumschiffpilot den furchtlosen Reiter.

Von den behaupteten Beiträgen zu Toleranz und Völkerverständigung konnte keine Rede sein. Außerirdischen fiel entweder die Rolle zum Untergang verurteilter Rothäute oder von Invasionsgelüsten getriebener Russen zu – der Kalte Krieg ließ grüßen. Einige der ersten Hefte, in denen allzu aufdringlich geblastert und gebombt wurde, riefen gar das bayrische Innenministerium auf den Plan. Der bei der Bundesprüfstelle eingereichte Antrag auf Einstufung als „jugendgefährdend" wurde allerdings abgeschmettert.

Selbst solcher Schrott aber vermittelte gelegentlich einen vagen Eindruck von den Leistungen, zu denen das Genre fähig war: einen „sense of wonder" zu vermitteln, das fassungslose Gefühl überwältigenden Staunens („Junge, Junge, das gibt's doch nicht!") angesichts der Unermesslichkeit kosmischer Räume, der Grandiosität menschlicher Zukunftsmöglichkeiten.

In einem der frühen „Utopia-Großbände" flog eine Raumschiffbesatzung zum „nebligen Planeten" des Sonnensystems, der Venus, nur um

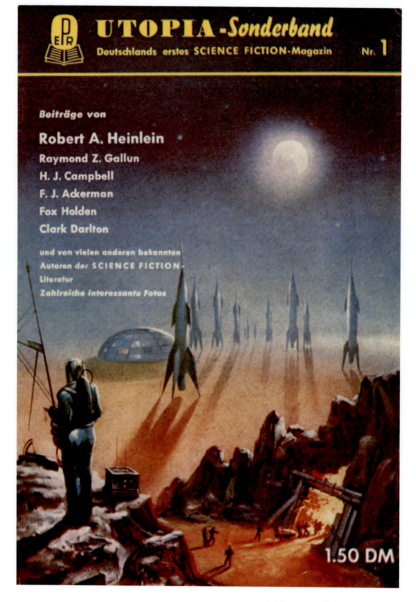

Science-Fiction-Kurzgeschichten halten Einzug (1955).

festzustellen, dass der böse Feind vom Mars schon angelangt war und sich anschickte, demnächst die Erde zu attackieren. Die marsianische Kommandozentrale umkreiste als künstlicher Satellit die Venus. Mit Druckanzügen ausgerüstet, gelang es der irdischen Besatzung, in die Raumkugel einzudringen und – selbstredend – Strahlwaffen auf die Wandung zu konzentrieren. Die Hülle schmolz, die Atmosphäre begann zu entweichen.

> In der Kabine machten einige Marsianer panische Bewegungen mit den Armen. Ihre Körper wiegten sich von einer Seite zur anderen.
> „Erdenmensch!"
> Der telepathische Schrei in seinem Gehirn war voller Verzweiflung.
> „Erdenmensch! Ich bin's: Kan'ba. Laß uns das Leck verschließen!"
> Sie schwollen langsam an wie gefüllte Ballons. Ihre Körper wurden dicker und runder.
> „Erdenmensch!"
> Dann hing ein grauer Nebel an der Decke, entwich in die Leere des Weltraums.

Erfolgreiche Ausschaltung der Finsterlinge vom andern Stern – eine in Büchern und Filmen dieses Schlages hundertfach abgewandelte Szene. Und doch bewirkte die wiederholte Einfügung des Wortes „Erdenmensch", dass jugendliche Leser erschauerten, ihnen eine Gänsehaut über den Rücken rann. Vor ihrem inneren Auge schrumpfte die Erde zu einem Punkt im All, zu einer Welt unter anderen. Perspektiven von unendlicher Weite und bizarren Ereignissen taten sich auf, über die weder Wildwest- noch Kriminalromane verfügten.

Versierte Science-Fiction-Autoren verstanden auf solchen Empfindungen zu spielen, wie in dem wenig später veröffentlichten Roman *Unternehmen Milchstraße*:

> An Bord sein winziges Teil menschlicher Zivilisation, raste das Expeditionsschiff Space Beagle mit stetig sich steigernder Geschwindigkeit durch eine Nacht, die nirgends endete.
> Und nirgends begann."

Nach und nach fanden Zeitreisen, Parallelwelten, Mutationen, übersinnliche Fähigkeiten (Telepathie, Teleportation), intelligente Roboter, die gesamte Themenpalette der amerikanischen Science Fiction Eingang in die westdeutschen Heftreihen. Weitere Serien – „Luna Utopia", „Terra", „Terra-Sonderband" – kamen auf den Markt. Durch „Utopia-Magazin" (1955) und „Galaxis" (1958) wurden auch amerikanische Kurzgeschichten (Spezialität: überraschende Pointen) übersetzt verfügbar.

Oben: Sprungbrett zum Mars: Die Außenstation, die alle zwei Stunden die Erde umkreist; unten: Hollywood-"Marswüste" aus Sägemehl und schwarzen Kohlebrocken (*Eroberung des Weltalls*)

Jugendliche Käufer bescherten dem Genre, wie sonst nur der Plattenbranche, einen ungeahnten Boom. Filmimporte in erklecklicher Zahl, in Farbe und bald auch in Cinemascope, sorgten gleichzeitig dafür, dass Raumfahrt und außerirdisches Leben dominierende Themen blieben.

Eroberung des Weltalls (1955) versetzte die Zuschauer gleich in den ersten Szenen auf die von Wernher von Braun seit langem propagierte Raumstation. In 1730 km Höhe „verankert", alle zwei Stunden die Erde umkreisend, sollte das bemannte „Rad" als Basis dienen für den Flug zum Mars. Leiter der Expedition: General (!) Merritt, der Mann, der bereits die Außenstation konstruiert hatte. Hin- und Rückflug gelangen mit den obligaten Widrigkeiten. Der Mars wurde nicht als zweite Erde geschildert oder als Wüste mit versunkenen Kulturen, sondern als tote, erstarrte Welt.

An die angeblichen Sichtungen „Fliegender Untertassen" knüpfte *Metaluna 4 antwortet nicht* (1956) an – mit der Pointe, dass Außerirdische vielleicht Besseres zu tun hätten, als ausgerechnet die Erde zu überfallen. Eher könnten sie schon daran interessiert sein, unsere fortgeschrittensten Kernphysiker zu rekrutieren. Denn die Erde ist nur ein winziges Inselchen im All ohne weitere Bedeutung (siehe den Originaltitel des Films: *This Island Earth*). Die wirklich wichtigen Entscheidungen fallen Lichtjahre entfernt und werden von Zivilisationen getroffen, deren Machtmittel wir uns kaum vorstellen können.

War schon diese Idee darauf angelegt, am zeitgenössischen Selbstbewusstsein („Wir sind schließlich wieder wer") zu rütteln, so setzte *Alarm im Weltall* (1957) noch eins drauf. Der Film weckte mit beeindruckenden optischen Tricks anfangs Illusionen über den erreichten Stand menschlichen Fortschritts, um sie dann höchst wirkungsvoll zu demontieren. Für amüsante Einlagen sorgte der kugelbeinige Roboter Robby, der in seinem eingebauten Labor nach Bedarf scharfe Getränke destillierte („Würden Ihnen 250 Liter reichen?"). Robby trug zur Popularität des ansonsten eher tiefgründigen Films (Shakespeares „Sturm" hatte beim Drehbuch Pate gestanden) unter Jugendlichen nachhaltig bei.

Diesmal war es ein irdisches Raumschiff, einer riesigen Untertasse nachempfunden, das in ferner Zukunft zum Stern Altair flog. Auf dessen Planeten kam es zur Konfrontation mit dem überlegenen technischen Erbe einer untergegangenen Zivilisation, der Krel. In letzter Minute begriff die Mannschaft, dass die Krel Ungeheuern zum Opfer gefallen waren, die sie – ohne es zu ahnen – selbst in die Welt gesetzt hatten: Produkte ihrer unbewussten Aggressionen, denen gigantische Maschinen „Leben" eingehaucht hatten. Die unsichtbaren, erneut auftretenden Kre-

Träume von anderen Welten zwischen Leihbuchdeckeln
Marion Zimmer Bradley
Wie eine Weltkarriere in Balve begann

Sie schrieb *Die Nebel von Avalon* und *Die Feuer von Troja*. Mit ihren Werken, die auf dem Planeten Darkover spielen, verfasste sie eine der kommerziell erfolgreichsten Science-Fiction-Serien. Vorwürfe sexuellen Missbrauchs Minderjähriger verdunkelten zuletzt ihre Karriere: Marion Zimmer Bradley. Lange vorher, 1959, gab sie ihr Debüt als Romanautorin nicht etwa in New York, sondern in Balve (Westfalen). Dort veröffentlichte eine Leihbuchreihe, noch vor der englischen Fassung, ihren ersten Roman *Raubvogel der Sterne*. Kostprobe:

Die matte rote Scheibe von Phi Coronis, Wolfs alter und sterbender Sonne, warf ihr blasses, kaltes Licht über den fahlroten Himmel. Der Doppelposten an den Toren des Raumhafens, in schwarzes Leder gekleidet und Schockwaffen im Gürtel, döste in dem Portal, über dem das Stern- und Raketenwappen des Irdischen Imperiums gleißte ...

Leihbücher gehörten zu den 50ern wie Tütenlampen oder Nierentische. Typisch für sie waren knallbunte Umschläge und rasch vergilbendes dickes Papier mit hohem Holzgehalt. Zum Lesen musste man sie in Leihbüchereien ausleihen. Mit dem Taschenbuch-Boom in den 60er Jahren verschwanden sie vom Markt. Doch erst 1983 erschien Bradleys Romandebüt schlussendlich auch als Taschenbuch.

aturen verschwanden in dem Moment, in dem „menschlichere" Regungen siegten. Besuch und „Nach"denken lohne sich, lobte selbst die bundesdeutsche Kritik, die ansonsten mit Science Fiction nicht viel am Hut hatte – Resümee in *BRAVO*: „Marsfahrt bleibt Kintopp."

Dann aber gewann alles, was auch nur entfernt mit Raumfahrt zu tun hatte, nach dem 4. Oktober 1957 unversehens an Respektabilität. Die gelungenen Starts von Sputnik I und II (mit der Hündin Laika an Bord) verursachten gewaltige Aufregung. „Sputnik erregt die Welt!", lautete der einhellige Tenor der Schlagzeilen.

Die Science-Fiction-Fans sonnten sich in der Aufmerksamkeit, die ihrem Hobby plötzlich zuteil wurde. Euphorische Aufbruchstimmung machte sich breit. Wie es längst Indianer- und Cowboyclubs gab, hatte sich mittlerweile auch ein Science Fiction Club Deutschland (SFCD) gebildet – nicht zuletzt, um den „Utopia"-Reihen einen Abonnentenstamm zu sichern. Motto: „Besser eine schlechte SF-Story, als ein guter Wildwestroman!" (Walter Ernsting, „Utopia"-Redakteur und Initiator des SFCD). Der „Anbruch des Raumfahrtzeitalters", von dem seit den Satellitenstarts und den ersten unbemannten Schüssen in Richtung Mond die Rede war, bescherte dem Club weiteren Zulauf. 1958/59 zählte der SFCD knapp tausend Mitglieder.

Kein Cowboyclub hätte sich über der Frage zerstritten, ob ein bestimmter Roman zur Kategorie „Edelwestern" zu rechnen sei oder ob Billy-Jenkins-Hefte eine Zumutung für Leser mit gehobenen Ansprüchen darstellten. Dass analoge Probleme zum Streitpunkt zwischen Science-Fiction-Anhängern gerieten, konnte indes kaum überraschen. Längst nicht alle mochten sich auf Dauer mit „Wild-West im Weltraum" zufrieden geben. Sie verlangten nach technischer Logik, psychologischer Glaubwürdigkeit, gelegentlich nach einem Stück philosophischer Tiefe.

Die Zukunft, so stand zu vermuten, hielt noch mehr bereit als Raumpiraten zwischen Mars und Erde oder schleimige Invasoren von Aldebaran III. Spannung war wichtig, aber Niveau auch. Sonst lief das Genre Gefahr, den gerade gewonnenen Kredit wieder zu verspielen.

1952 hatte der renommierte Karl Rauch Verlag in Düsseldorf unter Titeln wie *Der unglaubliche Planet* oder *Überwindung von Raum und Zeit* vier Science-Fiction-Werke amerikanischer Autoren, in Leinen gebunden, veröffentlicht. Der deutsche Herausgeber, Gotthard Günther, hatte dort geschrieben, Science Fiction „verweltliche" das metaphysische Thema der Schöpfung zum empirisch-praktischen Problem. Die hochfliegende Verheißung ‚Ihr werdet sein wie Gott', aus christlicher Sicht blasphemisch, erweise sich aus der Perspektive einer kosmischen Zukunft der

Menschheit als technisch realisierbare Eigenschaft menschlicher Existenz. Die „Rauch-Bücher" wurden in der Debatte unter Science-Fiction-Anhängern immer wieder als beispielhaft zitiert – von den wenigen, die sie kannten. Denn auf den meisten Exemplaren war der Verlag seinerzeit sitzen geblieben. Später wurden dafür hohe Sammlerpreise gezahlt.

Im SFCD entstand 1957 eine Arbeitsgemeinschaft für „moderne" – weniger auf Action getrimmte, nachdenkliche, hin und wieder gar zeitkritische – Science Fiction. Ihre Vorreiter waren der 21-jährige Wolfgang Jeschke und der drei Jahre ältere Jesco von Puttkamer. Nicht lange, und beide begannen, selbst entsprechende Romane und Kurzgeschichten zu verfassen. Puttkamer zog es zur Raumfahrt. Nach Absolvierung eines Studiums an der Technischen Hochschule Aachen bewarb er sich erfolgreich bei Wernher von Braun in Huntsville (Alabama) und arbeitete später als Programmplaner der Weltraumbehörde NASA.

Jeschke kann dagegen als Prototyp jener Sorte „junger Wilder" im SFCD gelten, die versuchten, durch scharfe Kritik Einfluss zu nehmen auf das Niveau der in Westdeutschland produzierten Science Fiction – und denen sich kurz darauf die Gelegenheit bot, diese Produktion selbst in die Hand zu nehmen. Die Chance kam, als Science Fiction seit 1960 begann, den Taschenbuchmarkt zu erobern. Goldmann und Heyne waren die ersten Verlage, die auf den neuen Trend einstiegen, gefolgt von Suhrkamp, Fischer, Ullstein. Alle Programme wurden mit der Zeit von Jungtalenten gestaltet, die über die Heftromane zur Science Fiction gestoßen waren. Jeschke verhalf schließlich den Reihen des Heyne-Verlags zur Marktführerschaft.

Einmal mehr war jugendlicher Optimismus, jugendliche Zukunftsgewissheit am Werk. „Und wer den Glauben an sich selber einmal fand / Der hat sein Schicksal in der Hand": Mochten die Teenager auch darüber spotten, dass ihre Eltern ihnen nichts als Arbeit und „Aufbau" einzubläuen trachteten – sie selbst waren gründlich infiziert vom Zukunftsglauben der Aufbaujahre. Science Fiction bedeutete manchem mehr als bloß „moderne" Lektüre. Neue Berufsperspektiven taten sich auf. Unversehens konnten 18-, 19-Jährige sich Beschäftigungen vorstellen wie SF-Redakteur, Atomphysiker, Raumfahrtingenieur. Die Welt schien sich atemberaubend zu weiten, verhieß Befreiung aus der Enge der Nachkriegszeit.

Radio Luxemburg, the Station of the Stars

> „O glückliche Nachmittage und Abende in Gesellschaft von AFN, BFN, Radio Luxemburg! Wie viele von uns kamen mit ihren Besinnungsaufsätzen, dem Pauken von Lateinvokabeln, der Lösung mathematischer Gleichungen nur zu Rande, wenn die Begleitmusik dieser Sender ihnen unter die Arme griff."
> Wolfram Schütte: „Nachruf auf den AFN" (1994)

Zukunft hin oder her – zunächst zählte die Gegenwart. Die aber hieß in erster Linie Deutsch und Latein, Mathematik und Englisch, Erdkunde und Geschichte. Jeden Vormittag, manchmal auch noch nachmittags. Auch wenn jüngere Lehrer „Summertime" aus *Porgy and Bess* besprachen, Hemingway lesen ließen, Schülergruppen zur Aufführung von Thornton Wilders *Unsere kleine Stadt* animierten – Schule blieb Schule und wollte bewältigt sein. Umso grandioser, wenn der Unterricht ausfiel. „Keine Schule morgen, goodie, goodie", verkündete Gitte im Rock-Rhythmus. Mit ihrem Freund wollte sie sich treffen,

> denn der lädt mich ein ins Eiscafé,
> wo ich an die Jukebox geh' ...

Chuck Berry hatte mit „School Days" Pate gestanden bei diesem Vers. Ob in Amerika oder in der Bundesrepublik, die glitzernde Musikbox, Marke Rock-Ola, gehörte zu den zentralen Attraktionen für Teenager. Man lehnte sich lässig dagegen, stützte sich mit beiden Armen darauf. Oder man legte davor ein angedeutetes Rock'n'Roll-Solo hin.

Auf alle Fälle aber waren die Platten, die man wählte, Gegenstand konzentrierter Aufmerksamkeit. Auch dann, wenn man sein Eis löffelte oder am Strohhalm seines Milchshake sog. Ebenso horchte man auf die Songs, für die andere ihre Groschen in den Automaten warfen. Die Musikbox – kein Apparat, von dem man sich passiv duldend mit Hintergrundlärm beschallen ließ.

Chrom- und Glasgefunkel: Kein Teenagertreff ohne Musikbox

Woher aber wussten Westdeutschlands Teenager, welche Tasten es im Zweifel zu drücken galt? Wie erfuhren sie, welche neuen Scheiben von Gene Vincent oder Louis Prima, Buddy Holly oder den Everly Brothers, frisch aus USA importiert, dort gerade „in" waren? Und wo fand sich ein Rettungsanker, wenn hartherzige Eltern den Rock'n'Roll-Enthusiasmus ihrer Kids mit Kaufverboten und Taschengeldkürzungen zu kurieren trachteten? Wenn sie sich weigerten, zu deren Geburtstag den neuen, modernen Phonokoffer mit eingebautem Lautsprecher zu finanzieren oder den ebenso fortschrittlichen Plattenspieler mit Wechselautomatik, der bis zu zehn Singles nacheinander auf den Plattenteller beförderte?

Solche Auskunftsquellen beziehungsweise Rettungsanker gab es natürlich. Von einigen war auch schon die Rede. Sie hießen American Forces Network und British Forces Network, die britischen und amerikanischen Soldatensender. Gleichfalls auf Mittelwelle, im 208-m-Band, die englischsprachigen Abendprogramme von Radio Luxemburg. Schließlich, ab 1956 mit steil ansteigender Popularitätskurve, eine deutsche UKW-Sendung: einmal wöchentlich Chris „Sputnik Pumpernickel" Howlands „Spielereien mit Schallplatten", ausgestrahlt vom Westdeutschen Rundfunk in Köln.

Die populärste Erkennungsmelodie hielt AFN Kaiserslautern (*serving you west of the Rhine*) bereit: Lou Bushs Big Band-Hit „Zambesi". Ein furioser Chor-Auftakt („Zambesi, Zambesi, Zam-"), abgelöst von einem swingenden Altsaxophonsolo, unterlegt mit Schlagzeug, Trompete, den Tönen einer Saxophongruppe. Kaum weniger emphatisch kam allabendlich Radio Luxemburg daher. Selbstbewusst verkündete der Ansager: „This is Radio Luxemburg – the Station of the Stars!"

Natürlich hing es vom Empfangsbereich der einzelnen AFN-Sender ab, auf welche Programme Jugendliche „abonniert" waren. Aber ob nun „Luncheon in Munchen", ob der 15-Uhr-Spaziergang durch die Country & Western-Szene („Stickbuddy Jamboree"), ob „Frolic at five" oder abends „Music in the Air" – AFN begleitete seine Hörer mühelos durch den Tag. Der bis zur Durchsetzung des Fernsehens Anfang der sechziger Jahre (erste Straßenfeger: „Am Fuß der blauen Berge" und „Stahlnetz") – der bis dahin immer wieder aufgelegte Schülerwitz: „Herr Studienrat, ich konnte keine Hausaufgaben machen, unser Radio war kaputt!" galt unausgesprochen dem lässig moderierten, alle Hörerwünsche erfüllenden Besatzerrundfunk.

Die BFN-Sender in Hamburg, dann in Köln warteten morgens mit Muntermachprogrammen auf, die zahllosen Teenagern dabei halfen, sich aus dem Bett zu quälen, ihre Hefte in die Schultasche zu stopfen, das

AFN, BFN, Radio Luxemburg: Das unverzichtbare Familienradio

Disk-Jockey Chris Howland alias Mr. Pumpernickel: „Boiing!"

Frühstück hinunterzuschlingen. Wer schon im Schulbus von Tennessee Ernie Fords „Sixteen Tons", Jim Lowes „Green Door" oder Marty Robbins' „A White Sport Coat" schwärmte, der hatte (außer in Süddeutschland) im Zweifel BFN eingestellt. Aber wirklich konkurrenzfähig mit den amerikanischen Sendern waren die Briten nur einmal im Jahr: beim weihnachtlichen Hörerwunsch-Programm, das mit drei Tagen Dauer alle Rekorde für Sendungen dieser Art brach.

Abends bedurfte es meist besonders hartnäckigen Stehvermögens, Bettelns oder Trotzens, um Vater und Mutter die „Rundfunkhoheit" streitig zu machen. Auch im Erfolgsfall bedeuteten elterliche Zugeständnisse aber nur den ersten Schritt. Anschließend war regelrechte Kunstfertigkeit gefragt, wenn es zwischen 21 Uhr und Mitternacht darum ging, dem Radio auf der 208-m-Mittelwelle möglichst ungetrübte Töne zu entlocken. Immer wieder drängten sich benachbarte Sender, besonders aus dem „Osten", in den gewünschten Frequenzbereich. Vor dem Apparat, Marke Blaupunkt oder Graetz Melodia, hockend, bedurfte es langer Geduld und Behutsamkeit beim millimeterweisen Bewegen des Einstellknopfs, bis endlich Radio Luxemburg präzise durchkam. Schollen aber zu guter Letzt doch „Wear my ring around your neck" und „Doncha' think it's time", „Blueberry Hill" und „Ain't that a shame", „Good Golly, Miss Molly" und „Keep a knockin'" vernehmbar aus dem Lautsprecher, die Presley-, Fats-Domino-, Little-Richard-Songs, auf die man ungeduldig gewartet hatte, so war das Glücksgefühl kaum noch zu übertreffen.

Schaltete man das Licht aus, dann glühte nur noch die Radioskala im dunklen Zimmer. Man saß allein vor dem Gerät, eins mit der imaginären Welt auf der anderen Seite des Atlantik, eins mit den Rhythmen, die die „Station of the Stars" herbeizauberte. „New Orleans, Chicago, San Francisco lagen gleich um die Ecke" (Wolfram Schütte). Kein Wunder, dass die abendlichen Programme Radio Luxemburgs bei den Teenagern besonders hoch im Kurs standen.

Diese gepfefferten Abendsendungen hatten nichts zu tun mit den deutschsprachigen Schlager-Shows, die Radio Luxemburg während des Tages ausstrahlte. Der Cocktail nach Noten, der dort serviert wurde, war eher auf die Geschmacksrichtung Peter Alexander bis Pat Boone zugeschnitten. Der sonntäglichen Hitparade verdankten Conny Froboess und Peter Kraus die Goldenen beziehungsweise Silbernen Bären für ihre populäreren Schlager, der „Plattenplauderer" Camillo Felgen seinerseits einen Vertrag mit der Firma Electrola, Auftakt für eine Anzahl betulicher Schnulzen.

Immerhin gab sich Radio Luxemburg auch tagsüber nicht entfernt so schlagersteinzeitlich wie die westdeutschen Sender, deren behäbigen Programmen (*BRAVO*: „flügellahm") jugendliche Hörer scharenweise den Rücken kehrten. Einzige Ausnahme auf weiter Flur: Jene Songs, die wöchentlich mittwochs, zwischen halb sieben und halb acht, von Westdeutschlands beliebtestem Engländer, Chris Howland, im WDR präsentiert wurden. Wie er frotzelnd bemerkte, fehlte ihm der deutsche Name, der zu seiner Tätigkeit passte. Also stellte er sich mit „Heinrich Pumpernickel" vor. 1957 kam noch „Sputnik" dazu. Die Jugendlichen reagierten begeistert auf so viel lockere Blödelei. Woche für Woche trafen Hunderte von Hörerbriefen ein, manche gerichtet an „Mr. Pumpernickel", andere adressiert an „Herrn Howland".

Die „Spielereien mit Schallplatten" wurden über Jahre ein ungeahnter Erfolg. Dass Howland keinen Rock'n'Roll mochte, dass er Elvis Presley als „Pressluft" veräppelte, hin und wieder eine seiner Platten zerbrach, tat der Wertschätzung der Teenager keinen Abbruch. Wenn er sich weigerte, Haley- oder Presley- oder Chuck-Berry-Platten zu spielen, dann schrieben sie ihm waschkörbeweise Protestbriefe. Natürlich gab Howland nach – Hörerwünsche waren ihm heilig. Aus seinem Herzen machte er dennoch keine Mördergrube.

Howlands haarsträubender Akzent, sein bei jeder unpassenden Gelegenheit eingestreutes „Boiing ...!", seine Gags und seine Unverkrampftheit trugen zur Resonanz der Sendung entscheidend bei. Dabei trog in mancher Hinsicht der Schein. So lange er sich in der deutschen Sprache nicht zuhause fühlte, überlegte er sich seine Ansagen (nie länger als 20 Sekunden) sorgfältig. Besonders mit dem Plural und mit den Artikeln hatte er Probleme. Der erste spontane Satz, zu dem er sich schließlich in einer sommerlichen Sendung hinreißen ließ, lautete: „Ich habe das Studiofenster aufgemacht, vielleicht können Sie das Vögeln hören, hoffentlich stört's nicht."

Noch Jahre später wurde Howland nicht müde zu schildern, wie sich im Lauf der nächsten Viertelstunde immer mehr WDR-Mitarbeiterinnen und -Mitarbeiter im Regieraum neben dem Studio 8 des Kölner Funkhauses einfanden. Durch die große Glasscheibe starrten sie ihn schweigend an. Howland wurde immer mulmiger zumute. Was mochte da passiert sein? Als er schließlich die Nachricht erfuhr, dachte er, seine Tage beim WDR wären gezählt.

Aber merkwürdig: Kein einziger Protestbrief oder -anruf erreichte den Sender. Die einen Hörer hatten wahrscheinlich ihren Ohren nicht getraut. Und die anderen trauten sich nicht, zu schreiben oder anzurufen.

Denn wie hätten sie das anstellen sollen, ohne das anstößige Wort selbst in den Mund zu nehmen, respektive zu Papier zu bringen?

Howland versicherte stets, er besitze überhaupt keine Stimme, aber so schlecht wie viele andere singe er allemal. Nicht lange, und er konnte den Beweis antreten. Wie im Falle Camillo Felgens fand sich eine Plattenfirma, die meinte, einen gefragten Diskjockey im eigenen Stall zu haben, müsse nicht unbedingt geschäftsschädigend wirken. 1958 landete Bobby Helms einen Hit mit dem Titel „My Special Angel". Auf der Rückseite mimte Helms einen ehemaligen GI, der seinem „pretty Fraulein" nachtrauerte, das er an den Ufern des „old river Rhine" geliebt und verlassen hatte.

Chris Howland präsentierte die deutsche Version. An der entscheidenden Stelle besang er die weiblichen Qualitäten, die es Jimmy Brown aus Dakota angetan hatten:

> Du bist treu und bist fleißig,
> küsst herrlich, das weiß ich.
> Ich lieb' dich, du kleines Fräulein.

Zufällig genau jene Tugenden, die auch damals auch in Westdeutschland vom schwachen Geschlecht erwartet wurden. Die Platte konnte nur ein Erfolg werden. Sie erreichte die Position 20 unter den Hits des Jahres.

So sehr interessierte viele Teenager allerdings gar nicht, ob und wie Howland nun sang. Für sie bildeten seine „Spielereien mit Schallplatten", ebenso wie die Sendungen von AFN oder Radio Luxemburg, Höhepunkt und Inbegriff der „radio days" zugleich. Als er 2013 starb, setzte die *FAZ* sein Bild am Plattenteller auf die Titelseite und verkündete das Ende einer Epoche, in der Rundfunk „noch mit Handarbeit zu tun hatte."

In der Wertschätzung der Teens rangierte Radio gleich nach Kino. Beide schufen kulturelle Freiräume, lieferten der Phantasie unentbehrliche Leitbilder. Wen wollte es da wundernehmen, dass gerade Jugendliche als kino- und rundfunk„süchtig" abgestempelt wurden?

Peter Kraus: Mäßiger Beat, ab und zu ein Gickser

Westdeutschlands biedere Heulbojen

> „Bei Conny ist die Jugend so gut aufgehoben wie in einer Klosterschule. Kein Whiskygeruch, kein Zigarettendampf, kein neumodischer Unfug: beste Vorkriegsware in sterilisierter Nachkriegs-Kunststoff-Verpackung, alles, was sich besorgte Eltern und Erzieher nur wünschen können."
>
> Jean Améry: „Teenager-Stars" (1960)

Ein Pferd kommt zum Zahnarzt, setzt sich in den Patientenstuhl und verlangt: „Ziehen Sie mir bitte sämtliche Zähne."

Der Zahnarzt zögert erst, willigt nach längerem Hin und Her schließlich ein. Danach steht das Pferd auf, guckt in den Spiegel und sagt zufrieden. „So, jetzt soll noch einer behaupten, ich sähe aus wie Peter Kraus, den trete ich in den Hintern."

Wer öffentlich durch den Kakao gezogen wird, kann als populär gelten. Peter Kraus war der einzige westdeutsche Teenagerstar, über den Ende der 50er Jahre ein Witz kursierte.

„Peter der Große": So bezeichnete Jean Améry ihn halb spöttisch, halb anerkennend in einer Porträtfolge über Idole der Zeit. Amérys Motto: Besser ein Schlacks von schlichtem Gemüt, als – wie zwischen 1933 und 1945 gefragt – ein Recke mit dräuendem Blick. Lieber einer singenden Niete aufsitzen, als einem politischen Demagogen folgen.

„Peter singt alle an die Wand!", posaunte *BRAVO* im Herbst 1958. „200 Clubs! 700 Autogrammwünsche täglich! Deutscher Fanrekord!"

Über das „dünne Geheul" desselben Peter Kraus mokierte sich wenig später die *STERN*-Serie „Deutschland, deine Stimmchen". Eine Zumutung seien Kraus-Platten wie „Tutti Frutti", „Susi-Rock", „O wie gut" für jeden gewesen, der die Originalversionen von Little Richard, Gene Vincent („Be-Bop-A-Lula") und Elvis Presley („Don't Be Cruel") kannte, erbosten sich zurückblickende Zeitgenossen noch Jahrzehnte später.

Rock mit Peter Kraus

In der Tat: Was Kraus seit seinem Auftritt beim 1. Deutschen Rock'n'Roll-Konzert Ende Oktober 1956 stimmlich bot, war im Hinblick auf Drive, stimmliches Talent, Musikalität allenfalls kümmerlicher Abklatsch. Für viele Teenager aber zählten andere Kriterien. Da stürmte im Münchner Deutschen Theater ein 17-Jähriger, einer von ihnen, mit der Gitarre ans Mikrophon, arbeitete sich auf der Bühne ab, wie man es allenthalben von Presley hörte und las, keuchte, misshandelte die Saiten, ging rücklings in die Knie. Um schließlich bald auch auf Tourneen zu verkünden, was die Mehrheit im Saal oder zu Hause am Plattenspieler längst empfand, aber erstmals auf Deutsch zu hören bekam: „Rock'n'Roll hat uns verrückt gemacht!"

Mit Rebellion hatte das nicht die Bohne zu tun. Fred Kraus (eigentlich Krausenecker), Peters Vater, war Kabarettist, Schauspieler,

Espressobesitzer in München. Ein gewiefter Zeitgenosse, der sich im Showgeschäft auskannte und seinem Filius bei Polydor „einen recht netten Vertrag" (*BRAVO*) verschaffte, nachdem Gerhard Mendelson, Polydor-Produktionschef Süd, seine eigene Firma davon überzeugt hatte, dass „dieses Gestotter und Geschrei" ein Geschäft werden könnte. Schließlich hatte Haleys und Presleys Erfolg demonstriert, dass Teenager mittlerweile auch in der Bundesrepublik über Kaufkraft verfügten, die sie gezielt einsetzten.

Das Gestotter und Geschrei dauerte freilich bloß gute anderthalb Jahre. Was Kraus während dieser Zeit an „heißen" Platten ablieferte, war stimmlich, textlich, in der Instrumentierung Konfektionsware von kaum zu überbietender Biederkeit.

Beispiel „Susi-Rock": An Stelle der erotisch aufgeladenen Zeilen „She's the woman that's got that beat / She's the woman that gives me more, more, more", die Gene Vincent im Original hervorstieß, der läppische Reim „O Susi-Baby, daran schuld bist du / dass mein Herz heut' hüpft so wie ein Känguru".

Beispiel „Mach dich schön": Statt Presleys ungestüm-suggestivem „Don't you ever kiss me once, kiss me twice / Treat me nice" ein seichtes Säuseln: „Nimm das blaue Kleid, denn das steht dir so gut / und dazu den süßen, kleinen, frechen gelben Hut".

Schließlich „Rosmarie": Jackie Wilsons kraftvoll vorangetriebener Hit „Reet Petite" verkümmerte zu „ooh"-„aah"-angereichertem Waldmusikantenjuchhe („Lass mich bitte nicht allein, sag' nicht nein, nein, nein / Mein verlie-lie-liebtes Herz möchte' bei dir sein").

Es klang alles sehr kindlich – kaum eine Spur von Erotik. Und das war durchaus gewollt. Frische, Sauberkeit, Bravheit bei aller Ausgelassenheit hießen die Stimmungen, die transportiert werden sollten. Lasst Teenager ruhig träumen, lautet die Botschaft, die Peter Kraus und Polydor vermittelten. Trotz Kino und heißer Musik hat sich gegenüber der Ära der kreuzbraven Buben und Backfische im Grunde fast nichts verändert:

Das scheint heut' genauso
wie früher zu sein,
wenn Teenager träumen,
große Damen zu sein.

Solche Aufnahmen verkauften sich stetig, auch wenn lediglich „Mach dich schön" an fünftletzter Stelle unter den dreißig meistverlangten Platten von 1958 auftauchte. „Hafen-Rock", die Rückseite, aber markierte bereits die Richtung, in der Kraus künftig vermarktet werden sollte:

Der Jimmy traf den Joe, den alten Kapitän,
Der Joe, der konnte Jimmys großes Leid versteh'n.
Drum gab er ihm die Heuer und das Ehrenwort:
„Im Morgengrauen gehen wir an Bord!"

Die Peter-Kraus-Platte des Jahres 1958, die Mitch Millers „River Kwai March", Billy Vaughns „Sail Along, Silvery Moon", selbst Freddy Quinns „Legionär" zeitweise die ersten Plätze der Hitparade streitig machte – diese Platte hieß denn auch „Hula Baby". Da reimte, wie gehabt, Märchenland sich auf Palmenstrand, Ferne auf Sterne, heut' Nacht auf vom Winde bewacht. Und weil das Rezept sich so trefflich bewährt hatte, setzte man ein Jahr später mit „Havanna Love" noch eins drauf. Die Stichworte diesmal: heiße Sonne/roter Mond, Tropennacht/Sternenpracht, tiefe Meere/große Liebe.

Paradiesische Südseeträume feierten fröhliche Urständ'. Denn das wusste im Westdeutschland der 50er Jahre jedes Kind: Des Seemanns Heimat war das Meer, seine Freunde die Sterne. Die Häfen, die er anlief, lagen vorzugsweise auf Bali und Hawaii. Sanfte Mädchen warteten dort auf ihn, aber Treue hielt er nur seinem Schiff, „Mary Ann" oder wie immer der Pott heißen mochte. Die Blicke der Verlassenen glitten dann sehnsuchtsvoll, aber leider vergeblich über Wellen und Weiten.

Gerhard Wendland („Lebe wohl, du schwarze Rose, schwarze Rose von Hawaii") und René Carol („Am Strande von Havanna steht ein Mädchen"), Lolita und Margot Eskens hatten das alles zur Genüge beschworen. Peter Kraus brauchte nur noch die Tango- und Langsamen-Walzer-Melodien zu Slowfox-Rhythmen zu variieren und alle naselang „baby" oder „love" einzustreuen, damit das Schmalz moderneren Touch bekam.

Ein weiteres Jahr, und Kraus schlug mit „Va bene" jene altbackenen Töne an, die im bundesrepublikanischen Schmachtfetzenrepertoire noch vor der Südsee-Exotik rangiert hatten. Wie weiland Rudi Schuricke huldigte er dem Traumbild von Scharen Italienreisender von der „bambina/carina/signorina", erspäht im Wonnemonat Mai und postwendend gefragt: „Sind Sie noch frei?" Auf dem Umweg über Schluckaufstil und Hula-Romantik wurden Westdeutschlands Teenager, ob sie wollten oder nicht, just an den Ort versetzt, dem die Phantasien ihrer Väter gegolten hatten.

Sich konsequent für Rock'n'Roll stark zu machen, wäre keiner Plattenfirma eingefallen. Warum auch, wenn die Verkaufsziffern von Freddy Quinn und Margot Eskens, Fred Bertelmann und Caterina Valente mit den ewig gleichen Themen Sehnsucht und Ferne, Abenteuer und Meer eine so deutliche Sprache redeten? Wenn die „Jugendzeitschrift" *BRAVO* diesen Erfolgen durch eine Serie über Freddy, „den einstigen Schiffsjungen (!)", prompt Tribut zollte? Wenn Anpassungsstrategien à la „Hula Baby" offenkundig funktionierten und Rock'n'Roll-Importe aus den USA die restlichen Bedürfnisse befriedigten?

Im Übrigen: Wurden amerikanische Erfolgstitel eingedeutscht, war rücksichtslose Zurechtstutzung auf bundesrepublikanische Klischees keineswegs nur bei Rock'n'Roll-Nummern angesagt. „Catch a falling star and put it in your pocket / Save it for a rainy day", trällerte Perry Como einschmeichelnd. „For love may come and tap you on the shoulder / some starless night /And just in case you feel you want to hold her / you'll have a pocketful of starlight." Das wurde ein Hit in den USA, nicht zuletzt bei Teenagern. Wozu aber wandelte sich hierzulande das stimmungsvolle Bild von der Sternschnuppe, die es einzufangen und aufzuheben galt für einen trüben Tag, an dem dennoch die Liebe anklopfte? Richtig geraten: Zu einem Plädoyer Peter Alexanders für den raschen Gang aufs Standesamt.

> Wunderbares Mädchen, hast mich schon am Fädchen,
> hast mich schon am Gängelband.
> Wunderbares Fräulein, darf ich für dich frei sein,
> frei sein für den Ehestand?

Wer hätte anderes musikalisches Material auch liefern sollen? Texter und Komponisten vom Schlage eines Jerry Leiber oder Mike Stoller, die Presley Nummern wie „Hound Dog", „King Creole", „Jailhouse Rock" auf den Leib geschrieben hatten, die „als ‚weißes' Team ‚schwarze' Musik produzierten" (Rüdiger Bloemeke), waren in der Bundesrepublik weit und breit nicht zu finden. Erwin Halletz und Hans Bradtke, Fini Busch und Werner Scharfenberger, die Kraus-Platten wie „Hafen-Rock", „Wenn Teenager träumen" oder eben „Hula Baby" und „Va bene" verbrachen, dachten sich zur selben Zeit Schnulzen aus wie „Addio Amigo", „Komm mit nach Palermo", „Der weiße Mond von Maratonga". Was hätte sie veranlassen sollen, von ihrer Routine abzuweichen?

Einmal noch wurde den Teenagern suggeriert, in der Bundesrepublik rocke und rolle es wirklich, jedenfalls ein kleines bisschen. Dazu kombinierte man 1958 „Teenagers Traumpaar" (*BRAVO*), Conny Froboess und Peter Kraus – zwar nicht auf der Schallplatte, weil die konkurrierenden Firmen Electrola und Polydor sich nicht einigen konnten, immerhin aber auf der Leinwand. Das Resultat hieß *Wenn die Conny mit dem Peter*, Untertitel: *Teenager-Melodie*.

Conny Froboess: Frische Sauberkeit, weichgespültes Image

Für die 15-jährige Cornelia Froboess war das schon die zweite Platten- und Leinwandkarriere, gemanagt – wie bei Peter Kraus – vom Vater, dem Tontechniker, Komponisten, schließlich Musikverlagsinhaber Gerhard Froboess. Bis 1955 hatte der Dreikäsehoch Cornelia fünf Jahre lang als kecke Singdrossel mit Riesenschleife im Haar „Pack' die Badehose ein" gekräht, „An der Ecke steht ein Schneemann", „Lieber Gott, laß die Sonne wieder scheinen", „Ich heirate Papi". In R. A. Stemmles *Sündige Grenze* hatte sie als Anführerin einer Kinderbande ihr Leinwanddebüt geliefert, war anschließend in einer Handvoll weiterer Filme aufgetreten.

Bei ihrer zweiten Karriere setzte die „Göre", zeitgemäß als Teenager Conny in Blue Jeans oder mit hohen Absätzen und Petticoat ausstaffiert, auf jene Welle, die nicht nur Vater Froboess anfangs als „animalisches Gestöhn" erschreckte. Am Silvestertag 1958 verbreiteten die Rundfunksender Connys Version des Paul Anka-Hits „Diana". Einmal mehr war ein deutscher Text entstanden, der sensible Hörer jeglichen Alters die Augen verdrehen ließ:

> Er war 18 Jahre kaum,
> sah Dianas Bild im Traum ...,
> träumt von ihr so manches Jahr,
> weil sie schön wie Mutter war.
> Oh, bleib, bleib bei ihm, Diana.

Aber die ungelöste Mutterbindung des Texters, die da durchschimmerte, tat dem Erfolg keinen Abbruch. Mit „Diana" und der nächsten (bis auf den Titel) eingedeutschten Anka-Nummer „I Love You Baby" überrundete Conny postwendend Peter Kraus in der Gunst der jugendlichen Käufer. Und noch eine dritte Aufnahme gelangte auf Anhieb unter die ersten 30: „Auch du hast dein Schicksal in der Hand", jene Platte, auf der Conny Froboess das Credo der jungen Generation während der Aufbruchphase der Bundesrepublik auf einen Nenner brachte:

> Und wer den Glauben an sich selber
>   einmal fand,
> der hat sein Schicksal in der Hand.
> D'rum haben alle jungen Leute
>   hier im Land
> ihr eigenes Schicksal in der Hand.

Nun also Conny und Peter gemeinsam auf der Leinwand. Keinesfalls sollte es wieder ein „Problemfilm" wie *Die Frühreifen* werden, bei dem die kindliche Sabine Sinjen dem ungestümen Peter Kraus angeblich ein

Kusstrauma verdankte. Dagegen hätte Vater Froboess, für den Kraus ohnehin zu „sehr auf sexy machte", garantiert sein Veto eingelegt.

Folglich griff man tief in die Klamottenkiste deutscher Verkleidungsschwank-Tradition und drehte ein einfallsloses Filmchen mit lauwarmer, beileibe nicht mit heißer Musik. Generaldirektor Werneck inspiziert inkognito, getarnt als frisch eingestellter Pedell, die von ihm ehedem gestiftete Privat-(!) Schule. Fräulein Säuberlich (!), ihres Zeichens Geschichtslehrerin, hat ihn empört wissen lassen, in dem Landschulheim ginge es drunter und drüber. Der angebliche neue Schuldiener stellt sich als Max Weber vor – ob da irgendein schalkhafter Drehbuchschreiber an den berühmten Soziologen gleichen Namens gedacht hatte?

Jedenfalls erweist sich schnell, dass ein paar Teenager der Unterprima eine höchst harmlose „Jazz"-Band gegründet haben und mit Verve für das Musikfestival europäischer Landschulheime üben, das in Bälde stattfinden soll. An einigen ihrer vermufteren Pädagogen reiben sich die herzerfrischenden Buben und Mädel, für andere, aufgeschlossenere gehen sie durchs Feuer. Auf diese Weise ließen sich die obligaten Pennälerwitze à la *Feuerzangenbowle* ebenso unterbringen wie eine hinreichende Zahl von Solo- und Duettauftritten der beiden Jungstars. Und Mäzen Werneck stiftet am Ende als moderner Märchenprinz die nötigen Stipendien, damit die Teenager-Melodie auch künftig nicht ohne Conny und Peter stattfinden muss.

Unbestrittener Schallplattenhit des Films war die von Kraus gesungene Nummer „Sugar Baby". Aber auch Conny Froboess schnitt mit „Jolly Joker" und „Hey Boys – How do you do" bei dem Wettbewerb nach Noten erfolgreich genug ab, um alle Beteiligten auf die Idee zu bringen: Verbraten wir doch die Conny und den Peter jeweils allein, ersparen uns den Zank zwischen Polydor und Electrola und hoffen auf verdoppelte Einspielergebnisse. Die Folge war eine Serie von Klamotten wie *Alle lieben Peter, Hula-Hopp Conny, Wenn das mein großer Bruder wüßte*, die bei zunehmend weniger Jugendlichen Anklang fanden.

Da trat statt des Generaldirektors Werneck der Generaldirektor Steiner auf, in dessen Tochter Kitty sich Werkstudent Peter Kraus verliebte (wohl um den Wegfall sozialer Schranken in der Bundesrepublik zu demonstrieren). Leider konnten Kitty-Cat und Peter nicht ohne weiteres zueinander finden, weil letzterer sich, den Launen des Drehbuchs folgend, zwischendurch mit Indianerfedern als 14-jähriger Lausbub kostümieren musste.

Da verkleidete sich der weibliche Teenager Conny als männlicher Teenager Conny, weil der angekündigte Austauschstudent Billy Newman nach dem Willen seines Vaters – Schallplattenproduzent und Multi(!)-millionär, was sonst? – andernfalls gleich wieder hätte nach Hause fliegen müssen. Und nichts wäre geworden aus der angekündigten Einladung Connys und ihrer verwitweten Mutter zu Mister Newman nach Honolulu (!).

Da tarnte sich schlussendlich Connys „großer Bruder" (Fred Bertelmann) mit Krachledernen als Tiroler Bua, um vor seiner Verehelichung mit – wem wohl? – der Tochter seines Managers noch einmal seine Freiheit auszukosten.

Letzten Endes waren das keine Teenagerfilme, sondern Kindermärchen. Wirkliche Teenagerfilme hatten unter bundesrepublikanischen Bedingungen überhaupt keine Chance – anders als in den USA, wo selbst Horrorschinken für Halbwüchsige (*I Was a Teenage Werewolf* etwa, oder *The Blob*) ein ganz anderes Bild der Jugendlichen zeichneten als in Westdeutschland. Entweder waren sie schlauer als die Polizei oder weniger böse als irgendwelche Wissenschaftler, die sie zur Experimentierzwecken missbrauchten. Jedenfalls aber hatten sie (erst recht in sonstigen Streifen) *eigene* Probleme, für die sie nach *eigenen* Lösungen suchten.

In der Bundesrepublik dagegen waren, wie im Leben von Conny Froboess und Peter Kraus, auch im Film Vaterfiguren dauernd dabei. Beharrlich wurde den jugendlichen Kinogängern vorgeführt, dass letztendlich erwachsene Respektspersonen die Richtung bestimmten.

Gleichgültig, ob immer mehr Teenager das an den Haaren herbeigezogene Allotria der Conny-und-Peter-Filme zum Steinerweichen fanden – *BRAVO* avancierte mit Biographien der beiden, mit „Star-Schnitten" in Fast-Lebensgröße, mit immer neuen Titelbildern und Stories zur regelrechten Hauspostille von Froboess und Kraus. Nicht wenige Jugendliche reagierten ablehnend auf das weichgespülte Image der beiden, das ihnen ständig präsentiert wurde, auf die „sanfte Welle", die Kraus und Froboess immer unverkennbarer bevorzugten. Seinen Ausdruck fand das Unbehagen in einer letzten Abfolge von „Krawallen", als Ted-Herold-Fans bei einer gemeinsamen Tournee von Kraus und Herold für Rabatz sorgten.

Fast exakt zwei Jahre nach Peter Kraus war der 17-jährige Harald Schubring alias Ted Herold Anfang 1959 Westdeutschlands Rock'n'Roll-Anhängern als der „deutsche Elvis" vorgestellt worden. In der Tat konnte seine rasante Einstiegsplatte, dem Presley-Erfolg „Wear my ring around your neck" nachgeschneidert, als halbwegs adäquate deutsche Wiedergabe des Originals gelten – sofern man davon absah, dass der in Bad Homburg lebende Herold schaurig hesselte („Isch brauch' keinen Ring, um dir

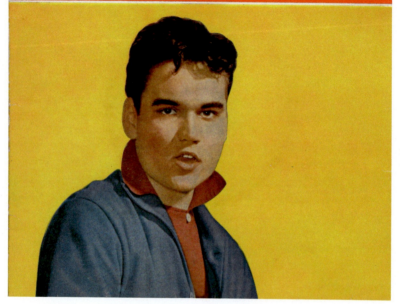

Ted Herold: Ein Anflug von halbstark

treu zu sein" / „Wenn man so gern sisch heimlisch küsst"). Einen ersten Hit landete er mit „Hula Rock", diesmal nicht auf Hawaii gemünzt, sondern auf die gerade ausgebrochene Epidemie, einen Hula-Hoop-Reifen um die Hüften rotieren zu lassen:

> Hol' dir schnell so'n Ding nach Hause
> und dann tanze ohne Pause.
> Roll, rock'n'roll, and hula-hoop!

Herolds „Bubistimme" (Götz Alsmann) stand der von Kraus kaum nach. Doch er präsentierte sich deutlich „härter", aggressiver. Bei seinen Tourneen zog er in Jeans, großkarierter Jacke, knalligem Hemd die Art beckenverrenkender Bühnenshow ab, die die Fans mit Presley verbanden. Die Firma Polydor, bei der er unter Vertrag stand, förderte mit Bedacht die Kontrastwirkung zu Kraus. Manche seiner Plattentexte wurden auf

„halbstark" getrimmt („Im Texas-Keller ist es furchtbar laut / Der Jimmy schreit nach seiner Braut"), manche mit einer Prise angedeutetem Sex versetzt („Du weißt, ich küsse heiß / Du weißt, ich brenne gleich / Du weißt, dass ich immer alles, alles erreich").

Kein Wunder, dass die meisten Rundfunksender – Radio Luxemburg einmal mehr ausgenommen – es ablehnten, Herolds Platten überhaupt zu spielen. Songs wie „Dein kleiner Bruder" oder „Carolin, darf ich nicht dein Boyfriend sein" gelangten dennoch in die Hitparaden. Herolds Leinwandauftritte beschränkten sich dagegen auf kurze Einblendungen in Schlagerfilme wie *Mein Schatz, komm mit ans blaue Meer*, wo ihm die anspruchsvolle Aufgabe oblag, die Jugendlichen auf einem Campingplatz mit seinem Auftritt in Schwung zu bringen.

Die Idee, Herold und Kraus für eine Tournee zusammenzuspannen, erwies sich als Missgriff. Wie Kurt Edelhagen bei Haleys Berlin-Konzert, so wirkte jetzt Peter Kraus auf nicht wenige Halbwüchsige als der „Langweiler", dem man seine Missachtung bekundete. Hier flogen etliche Blumentöpfe auf die Bühne, dort ein paar Eier. Und in einem halben Dutzend Städten regte Herolds Auftritt Teenager dazu an, sich nach den Vorstellungen „zusammenzurotten", wie es in schönstem Amtsdeutsch hieß, und ihrem Überschwang in den umliegenden Straßen Luft zu machen.

Vordergründig protestierte eine Minderheit gegen Kraus. Aber gleichzeitig begehrte diese Minorität auf gegen die Rückkehr der alten Angepasstheit in neuen Kleidern. Der Mehrheit freilich, der der Sinn nach baldigem Berufseinstieg und -aufstieg stand, genügte solcher „Konformismus des Connyformismus" (Jean Améry). Ihr reichte aus, dass Angehörige ihrer eigenen Generation sichtbar erfolgreich auf Bühne und Schallplatte agierten. Verkörperten Froboess und Kraus nicht beispielhaft die Chancen der Generation, die davon träumte, „ihr eigenes Schicksal in der Hand" zu halten?

Gefördert durch Udo Lindenberg, erlebte Herold/Schubring seit den späten 1970er Jahren ein Comeback. Nostalgische Rocksongs spielten dabei keine geringe Rolle:

> Neunzehnhundertachtundfünfzig:
> Thomas Gottschalk ist noch winzig ...
> Elvis wurde g'rad' GI,
> Und wir, wir war'n dabei.

Ende 2021 starben Ted Herold und seine Frau bei einem Wohnungsbrand.

Atomarer Glutpilz – Fanal der Apokalypse: Drohte die Selbstzerstörung der Erde?

Jahrmarkt des Atomzeitalters

„Der ungeheuere Besuch von Flugveranstaltungen und Raumfahrtausstellungen durch alle Schichten der Bevölkerung beweist, dass wir teilzunehmen wünschen an dieser neuen Form einer technischen und wissenschaftlichen Kultur – und dass wir ebenso bereit sein könnten, dafür Opfer zu bringen, wie früher für nationale und politische Trugbilder."

Eugen Sänger: *Raumfahrt* (1958)

Atomkraft verhieß unbegrenzte Energie; Raumfahrt versprach Befreiung von den Fesseln der Erde – zwei gleichermaßen faszinierende Perspektiven für den unbefangenen Zukunftsoptimismus Jugendlicher. „Einmal dort oben stehen, auf der Außenstation, unter sich die wegrollende Kugel der Erde – dafür würde es sich schon lohnen zu sterben", stand in einem Leserbrief, den „Utopia-Großband" abdruckte.

Vorwärts und aufwärts sollte es gehen. Welche Symbole eigneten sich dafür besser als Atom und Rakete?

Doch um beide drehte sich auch der Kalte Krieg. Kernwaffenversuche der Supermächte vergifteten die Atmosphäre. Fast täglich berichtete die Presse im Gefolge der Sputnik-Starts über die Entwicklung neuer Raketentypen für militärische Zwecke.

Science-Fiction-Erzählungen, die eine wachsende Zahl von Teenagern jetzt verschlang, spiegelten diese Doppelbödigkeit. Für die meisten Heranwachsenden zum ersten Mal tauchten hier, eingebettet in Schilderungen eines künftigen Atomkriegs, die Szenen auf, die das Grauen von Hiroshima dokumentierten, den Atomtod einer Stadt. Zu Asche verkohlte Menschen, deren Silhouetten sich weiß von einer Wand abhoben, die der Gluthauch der Atomexplosion geschwärzt hatte. Menschen, deren verbrannte Haut unter helfenden Händen nachgab, sich wie ein Handschuh herunterstreifen ließ. Bilder eine Apokalypse, die eines Tages vielleicht weltweite Wirklichkeit würde. Immer wieder stand in den entsprechenden Heften zu lesen, Science Fiction wolle aufrütteln, mahnen, warnen. Zugleich aber wurde Raumfahrt präsentiert als möglicher Weg der Flucht, des Entkommens und Neuanfangs, manchmal in einem Atemzug mit den breit ausgemalten Schrecken eines Atomkriegs. In seinen Geschichten, die jetzt auf Deutsch erschienen, beschrieb Ray Bradbury einerseits die Selbstzerstörung der Erde in einem atomaren Inferno. Andererseits gelang Menschen in atomgetriebenen Raketen die Flucht zum Planeten Mars, den sie zu kolonisieren begannen. Mit dem Versprechen, sie würden Marsianer zu sehen bekommen, überredet ein Elternpaar seine Sprösslinge zu einem Tagesausflug. Schließlich fangen die Kinder an zu quengeln, wollen wissen, wo die Marsianer blieben. Darauf lässt der Vater sie allesamt in einen Marskanal schauen:

> Die Marsianer blickten sie an – Spiegelbilder im Wasser des Kanals. Timothy und Michael und Robert und Mama und Paps. Von der gekräuselten Wasseroberfläche starrten die Marsianer lange Zeit stumm zu ihnen herauf.

Die Landung auf dem Mond, selbst der Flug zum Mars als Menschheitsträume: Wieder war es Wernher von Braun, der geschickt die Brücke zu schlagen wusste von Science Fiction zu vergleichsweise „nüchternen" Zukunftsentwürfen. Sein „Marsprojekt", zusammen mit von Brauns Plänen für eine Raumstation in der Bundesrepublik vorgestellt, wusste zu beeindrucken durch genaue Daten und exakte Berechnungen. In die gleiche Kerbe hieben populäre Darstellungen wie Heinz Gartmanns *Vom Feuerpfeil zum Weltraumschiff* oder, noch verheißungsvoller, Eugen Sängers *Raumfahrt – technische Überwindung des Krieges*. Angesiedelt in der Grauzone zwischen Spekulation und seriöser Forschung, gewannen solche Veröffentlichungen – weit mehr noch als Zukunftsromane – der Raumfahrtidee eine breite Anhängerschaft unter Laien jeglichen Alters, die bereit waren (wie der *SPIEGEL* ironisch befand), „den Gral der Technik im All zu suchen".

Die himmelstürmende Rakete, das „gezähmte" Atom behaupteten sich solchermaßen als Sinnbilder eines vorerst ungetrübten Glaubens an den technischen Fortschritt. Beide, Atomenergie und Raumfahrt, prägten folgerichtig das Erscheinungsbild der Brüsseler Weltausstellung 1958, der ersten nach dem Krieg. „Bilanz der Welt – für eine bessere Welt", lautete ihr optimistisches Motto. Wahrzeichen der „Expo" bildete das 110 Meter hohe Atomium, die stählerne Nachbildung eines Eisenmoleküls. Den Vergnügungspark, einen Rummelplatz mit Riesenachterbahn, überragte das kaum minder immense Modell einer Raumrakete.

„Jahrmarkt des Atomzeitalters" titulierte der *SPIEGEL* die Ausstellung, und wie zu einer Kirmes strömten Abertausende von Teenagern in die belgische Hauptstadt. Riesige Schlafsäle im Jugendherbergsstil boten Schulklassen und Jugendgruppen aus ganz Westeuropa Übernachtungsmöglichkeiten. Unumstrittene Hauptattraktion, vor der sich lange Schlangen drängten und schubsten: das erste Rundumkino der Welt neben dem amerikanischen Pavillon. Elf Filmprojektoren vermittelten jedem Zuschauer das schwindelerregende Gefühl, selbst in dem rasenden Rennwagen zu sitzen, dessen Bild sie auf die 360 Grad-Leinwand warfen.

Die Teenager erlebten die „Expo" als grandiose Show. Futuristische Architektur allerorten, von den neun Metallkugeln des Atomiums, verbunden durch Stahlrohre mit Rolltreppen, über schwebend aufgehängte Pavillondächer, schräg in den Himmel zielende Tragpfeiler, surreal geformte Wandkonstruktionen aus Draht und Glas, Beton und Kunststoff bis zur Satteldach-Kirche des vatikanischen Pavillons. Vergleichsweise bieder, dem gesellschaftlichen Klima zu Hause nicht unangemessen, kam die Bundesrepublik daher. Acht quadratische Pavillons in Vitrinenform boten zahllose Statistiken, Fotos, Schaubilder – von sozialer Sicherheit bis zur Flurbereinigung.

Den Stand des Weltraumwettlaufs zwischen USA und UdSSR spiegelte aus einleuchtenden Gründen einzig der – ganz auf Pomp und Monumentalität hin angelegte – sowjetische Pavillon. Von Piedestalen herab funkelten, ständig umlagert und fotografiert, die drei zwischen Herbst 1957 und Frühjahr 1958 gestarteten Sputniks: Zur „Expo"-Eröffnung Nummer Eins, deren Piepton das Raumfahrtzeitalter eingeleitet hatte, und Nummer Zwei, die Kapsel, die die Hündin Laika in eine Erdumlaufbahn befördert hatte; nur wenige Wochen später ergänzt um Nummer Drei, ein tonnenschweres „Weltraumlabor". Die marmorne Freitreppe wurde überragt von den acht Meter hohen Statuen eines Arbeiters und einer Bäuerin (samt Getreidegarbe). Im Hintergrund blickte Lenin wohlwollend auf die technischen Errungenschaften seiner Nachfahren.

Der amerikanische Pavillon wartete mit dem Modell eines Atomreaktors auf und mit einem Elektronengehirn, das auf Fragen historisch Interessierter in zehn Sprachen zu antworten wusste. Im Übrigen präsentierte der Rundbau der Amerikaner sich mit Modenschauen und der Darbietung modernster Gerätschaften überwiegend als entspannter Konsum- und Freizeittempel.

Weit mehr aber beeindruckte die nachdenklicheren unter den jugendlichen Besuchern, dass in einem Teil des Pavillons auf „unerledigte Aufgaben" hingewiesen wurde – Probleme, deren Bewältigung noch bevor-

Atomium in Brüssel: Rummelplatz des Raumzeitalters

stand: Rassentrennung, Verödung der Innenstädte, Raubbau an natürlichen Ressourcen. Inmitten der vielen Propaganda imponierte ihnen die freimütige Art, Schwierigkeiten einzugestehen – zumal sie in ihrem eigenen Land gerade einen versuchten Rückfall in den Obrigkeitsstaat erlebt hatten.

Dass ihre eigenen Schülerzeitungen vom Direktor oder Klassenlehrer zensiert wurden, waren sie schon gewohnt. Nun aber hatte die Bundesregierung versucht, mit einer Vorschrift über „Beleidigungsschutz" für ausländische Potentaten der Presse generell einen Maulkorb zu verpassen.

Im Volksmund hieß das geplante Gesetz sogleich „Lex Soraya", obwohl es mit der kinderlosen, mittlerweile geschiedenen iranischen Ex-Kaiserin, dem jahrelangen Lieblingsobjekt westdeutscher Hofberichterstattung, höchstens indirekt zu tun hatte. Formell beschwert hatte der erzürnte Schah sich nämlich keineswegs über eine der unzähligen erfundenen Sensationsmeldungen in bebilderten Wochenblättchen von der Art, wie sie hauptsächlich beim Friseur auslagen. Und nach Auffassung der Bundesregierung sollte es in Zukunft auch völlig gleichgültig sein, ob ein inkriminierter Artikel der Wahrheit entsprach oder nicht. Als maßgeblich für die angestrebte Strafbarkeit (bis zu zwei Jahren Gefängnis) galt allein die „Störung" der auswärtigen Beziehungen Westdeutschlands.

Während das Kabinett solches beschloss, erteilte Außenminister Heinrich von Brentano die Genehmigung zu einem Strafverfahren gegen den *STERN*. Diese Illustrierte hatte kaiserlichen Zorn erregt, standen in ihr doch unter der Überschrift „Tausend und eine Macht" Sätze zu lesen wie die folgenden:

> Die Zukunft Persiens könnte glänzend werden, wenn aus den Krediten für Kraftwerke – Kraftwerke würden. Und nicht Bestechungsgelder für unterbezahlte Beamte ... Das Land ist reich an Bodenschätzen, die durch Straßen, Eisenbahnen und vor allem Brunnen erschlossen werden könnten. Aber es verkauft nicht seine Werte, sondern seine politische Lage ...
> ... Von dem „strategischen Geld" hat die Masse der Bevölkerung nichts. Sie bleibt bitter arm und leibeigen. Sie lebt im Jahr 1337 des islamischen Kalenders. Da das Bilderbuch der Welt-Geschichte für andere Länder inzwischen das Jahr 1958 aufgeschlagen hat, wird sich die Phantasie der Perser eines Tages entzünden ...

Deutliche Worte, wie man sie bislang in Westdeutschland kaum gewohnt war – und wie vor allem Reza Schah Pahlewi sie aus Westdeutschland nicht gewohnt war. Bei der Bundesregierung zeigte man sich beflissen und willfährig, die kaiserliche Ungnade zu beschwichtigen. Dass bei der Gelegenheit gleich die gesamte Presse zum Zwecke einer „störungsfreien" Außenpolitik an die Leine gelegt werden sollte, entsprang offenbar lang gehegten Wünschen im Kabinett.

Doch durch die sonst so zahme Zeitungslandschaft ging ein kollektiver Aufschrei. „Biereifer", „Gummiparagraph", „Gängelband" war noch das mildeste, was Adenauer und seine Minister zu hören bekamen. Unbehagen und Unmut breiteten sich bis in die mit absoluter Mehrheit regierende CDU/CSU aus. Das Projekt wurde am Ende sang- und klanglos vom Bundesrat beerdigt.

Die gereizt geführte Debatte über die „Lex Soraya" bot so mancher Teenagerclique Gesprächsstoff. Der *STERN* war populär. Und immer mehr Jugendliche hatten in den beiden vorangehenden Jahren aufzumucken gelernt. Zu sagen, was sie dachten, andressierte Formen in Frage zu stellen, gehörte zu ihrem Verständnis von Modernität wie Rock'n'Roll oder Raketen. Auf die Soraya-Hysterie der Klatschspalten, die manchen ihrer Mütter feuchte Augen bescherte (war Soraya bei amerikanischen Frauenärzten? Würde sie den unerlässlichen Thronerben doch noch gebären? Hatte der Schah sich schon einer anderen zugewandt?), reagierten sie mit abschätzigem Hohn. Der Monarch auf dem Pfauenthron, dem seine Untertanen Hände und Füße zu küssen hatten, war ihnen im Zweifel so schnuppe wie Ägyptens dicker Exkönig Faruk, der sich seit Jahren in Nachtclubs amüsierte.

Dass sein langer Arm aber westdeutsche Reporter hinter Gitter bringen sollte, die genauso gegen die herrschenden „Anstandsregeln" verstoßen hatten wie sie selbst (so etwas schrieb man eben nicht), wollte vielen keineswegs in den Kopf. Neben Sorayas Leid, noch vor Farah Dibas Glück begann die Politik des Schahs sich als kontroverses Thema zu etablieren. Knapp zehn Jahre später sollte im Anschluss an eine Demonstration gegen denselben Schah ein Westberliner Student den Tod durch eine Polizeikugel finden.

Ausklang:
Keine Experimente? Auf in die 60er!

„Eigentlich bin ich ein 58er."
SDS-Akteur Christian Semler

Gegen die Reeducation-Versuche der Sieger hatten große Teile der Vätergeneration sich nach 1945 als resistent erwiesen. Den Eingeborenen von Trizonesien stand durchaus nicht der Sinn danach, aktive Demokraten zu werden. Demonstrationen galten als ebenso ungehörig wie lange Haare oder blanke Busen. Politik hatte – wenn überhaupt – von Berufs wegen im Parlament stattzufinden, nicht auf der Straße. Wer protestierte, störte die Ordnung.

Adenauers autoritäres Regiment kam solcher verbreiteten „Ohne mich"-Haltung trefflich entgegen. Wirtschaftlicher Wiederaufstieg und ein tiefsitzender Antikommunismus, der im Zeichen des Kalten Krieges guten Gewissens weiter gepflegt werden konnte, dienten als zusätzlicher Integrationskitt.

Nur hier und da grummelte es. Abrüstungskundgebungen zu Ostern zogen immer mehr Demonstranten an. In England organisierte sich 1958 die „Ostermarsch"-Kampagne der Atomgegner, die zwei Jahre später auf Westdeutschland übergriff. Ihr Protestsong „Don't you hear the H-Bomb's thunder" stammte von dem 24-jährigen britischen Science-Fiction-Autor John Brunner:

> Stop and think of what you're doing, join the march and raise your voice...
> Make your minds up now or never, ban the bomb for evermore.

Sinngemäß übersetzt:

> Soll nicht die Welt verbrennen
> in atomarer Glut,
> schließ an dich uns'ren Reihen,
> wir brauchen deinen Mut.
> Es ist die letzte Chance,

NEW WORLDS
PROFILES

John Brunner

London

"Editor John Carnell tells me that he considers *Threshold Of Eternity* one of the most "advanced" science fiction stories he has ever selected for publication in *New Worlds*. I think that's rather a dangerous statement.

"For, basically, all I've tried to do in it is to write an adventure story which reflects in its development a few unprovable but to my mind stimulating speculations about the nature of the universe—particularly time—and the place of human thought in the whole scheme (In passing, I suppose one would have good grounds for saying that this makes it not a science fiction story at all, but a super-science fantasy).

"This undertaking is not a new idea. The grand master of the form used to be A. E. van Vogt, before he stopped writing for the science fiction magazines. I'm not trying to invite comparison between my story and anything of van Vogt's; however, I feel that he tapped a worthwhile vein of writing with his tremendously fertile crop of imaginative assertions about the cosmos. He mingled philosophy and metaphysics with his science, and this seems to be a commendable practice within limits, for to declare that science is nothing but the truth and the key to the whole truth smacks unpleasantly of dogma

"So what I've tried to do is to write on two levels : and I hope that the result can likewise be read on two levels—superficially for entertainment, and also to provoke the flow of some fresh ideas. The nature of science fiction is speculation, after all, and it doesn't matter if some of our fantasies appear rather wild. Who in the nineteenth century imagined anything as improbable as our cockeyed modern world ? "

Von abenteuerlicher zu sozial engagierter Science Fiction: John Brunner

komm mit, ergreife sie.
Erhebe deine Stimme –
Jetzt oder nie!

Brunner, bleibt zu ergänzen, verfasste ein Jahrzehnt später die weithin beachteten Romane *Stand on Zanzibar* (1968, dt. *Morgenwelt*) und *The Sheep Look Up* (1972, dt. *Schafe blicken auf*) - visionäre Warnungen vor Überbevölkerung und Umweltzerstörung. Wolfgang Jeschke brachte sie auf Deutsch im Heyne-Verlag heraus, kongenial übertragen von Horst Pukallus. Eine neue, sozial engagiertere Richtung der Science Fiction zeichnete sich ab, verstärkt durch weitere britische Autoren wie Brian Aldiss, J. G. Ballard, Michael Moorcock.

Zwar scheiterte in der Bundesrepublik das von den Sozialdemokraten initiierte Vorhaben einer Volksbefragung über Atomwaffen. Doch der öffentliche Aufeinanderprall der Pro- und Contra-Positionen, die zahlreichen „Kampf dem Atomtod!"-Aufrufe von Gewerkschaften, von Schriftstellern wie Erich Kästner, Heinrich Böll, Robert Jungk, von Vertretern der evangelischen Kirche veranlassten manchen Jugendlichen, sich erstmals politisch zu engagieren. Damals sei er dem Münchner Komitee gegen Atomrüstung beigetreten, berichtete Christian Semler, einer der SDS-Hauptakteure während der Studentenrevolte, im Rückblick auf seine politischen Anfänge. „Eigentlich", so Semler, „bin ich ein 58er."

Im Kern freilich waren politische Inhalte – ungeachtet solcher Ansätze – der Aufbruchsdynamik dieser Generation fremd. Ihrer „Subkultur" (wie man später dazu sagen sollte) fehlte jeglicher utopische Zug. Die erstrebte Alltagswelt existierte schon. Sie trug Züge Amerikas, teilweise auch Frankreichs. Man brauchte sie sich nur noch anzueignen. Wer sich entsprechend „auskannte", erhöhte damit seinen Status in der eigenen Gruppe. Das machte diese Welt so unwiderstehlich.

Das Freiheitsbedürfnis der Jugendlichen reichte dennoch, um Westdeutschlands autoritären Traditionen einen ersten Stoß zu versetzen, mochten sie auch nichts im Sinn gehabt haben als eine Prise Selbstbestimmung bei Kleidung, Frisuren, Musik und „Sittlichkeit". Die Selbstverständlichkeit, die Unschuld geradezu, mit der man sich dabei Identifikationsangebote aus Übersee zu eigen machte, ging bei der Politisierung während der 60er Jahre verloren. Der Generationenkonflikt nahm gänzlich andere Züge an. Jetzt bestand das Ziel darin, nicht nur sich selbst zu ändern – und zwar weit fundamentaler als während der 50er –, sondern auch die politischen Verhältnisse.

Nicht vergessen sollte werden, dass die 68er-Bewegung in einem grundsätzlichen Sinn keineswegs antiamerikanisch war. Auch ihre „Absage an die Ordnung dieser Gesellschaft" (Dany Cohn-Bendit) hatte in den USA begonnen, nicht anders als vorher die minder radikalen Absagen James Deans, der weißen und der schwarzen Rockmusiker an den autoritären Konformitätsdruck derselben Gesellschaft. Die Methoden der westdeutschen Protestler – Teach-in, Sit-in, Go-in – waren der schwarzen Bürgerrechtsbewegung abgeschaut, ebenso den radikalen *Students for a Democratic Society*. Und ihren Anfang nahmen die Proteste gegen die Politik amerikanischer Regierungen im Namen ursprünglich amerikanischer Ideale: Freiheit und Streben nach Glück. Zuerst entstand jedenfalls das Streben nach Reform. Danach erst, aus der Resignation geboren, entwickelte sich die Revolte.

Bibliografische Hinweise

Der nach Motiven der Erstfassung dieses Buchs 2003 realisierte Kurzfilm „Elvis und das magische Auge", gedreht als 4. Teil der Sendereihe: *Frieden war für mich 'n Stück Schokolade – Kindheit in der Nachkriegszeit*, wurde bis 2015 mehr als ein Dutzend mal im WDR-Schulfernsehen ausgestrahlt.

Von *hallo, der Zeitschrift mit Pfiff*, erschienen 1960 insgesamt 34 Ausgaben. Die fünfunddreißigste sollte meinen „Star-Roman" über Conny Froboess enthalten. Er wurde nie gedruckt, was nicht schade ist: Ihre dritte Karriere als Charakterdarstellerin auf der Bühne und im Film hatte ich nicht im Entferntesten vorhergesehen.

50er Jahre, zweite Hälfte: Westdeutschlands Teenager begehrten auf, trieben die kulturelle Umorientierung der Bundesrepublik voran – Teil der allmählichen Mentalitätsverschiebung einer ganzen Gesellschaft, eben der westdeutschen, während dreier Jahrzehnte, von den späten 40er bis zu den frühen 70er Jahren. Dieser Liberalisierung, in der die 50er Jahre eine Etappe darstellen, spürt ein Sammelband systematisch nach, den Ulrich Herbert herausgegeben hat (*Wandlungsprozesse in Westdeutschland*, Göttingen: Wallstein 2002).

Jugendliche Auf- und Ausbruchsversuche aus dem „Keine Experimente!"-Klima der 50er Jahre nehmen den zentralen Platz in zwei Untersuchungen der 90er Jahre ein. Rüdiger Bloemeke entwirft in *Roll over Beethoven* (St. Andrä: Hannibal 1996) ein Detailbild der musikalischen „Verrücktheiten" jener Jahre, während derer der Rock'n'Roll in Westdeutschland Einzug hielt. Und Kaspar Maases *BRAVO Amerika* (Hamburg: Junius 1992) demonstriert anhand einer Analyse der Jugendzeitschrift BRAVO den Weg bundesrepublikanischer Jugendlicher zum lässigen, „zivilen", Verhaltensstil, orientiert am *American way of life* als „verwirklichter Utopie guten Lebens". Dreizehn Jahre später, in der Dokumentation *50 Jahre BRAVO*, 2005 herausgegeben vom Berliner Archiv der Jugendkulturen, war Maase sich immer noch sicher: BRAVO proklamierte für die Heranwachsenden – Kommerzialisierung hin oder her – ein Stück mehr Emanzipation und Autonomie.

Nahezu zeitgleich mit Bloemekes verrockter Chronik erschien, 725 engbedruckte Seiten stark, unter dem Titel *Moderne Zeiten* (Hamburg: Christians 1995) Axel Schildts akribische Studie über Freizeitverhalten, Hörfunk- und Fernsehgewohnheiten sowie den „Zeitgeist" der 50er Jahre. Mit dem letztgenannten Begriff meint Schildt den Tenor der öffentlichen Debatten über die allerersten Anfänge des vielbeschworenen „Konsum- und Freizeit-", „Technik- und Medienzeitalters". Als untersuchungsleitende Perspektive dienen ihm, wie zuvor schon Maase, die Stichworte „Modernität" und „Modernisierung" zur Kennzeichnung allmählicher Wandlungen der westdeutschen Alltagskultur.

Den Beginn dieser Wandlungen verlegte auch Detlef Siegfried in seiner zehn Jahre später veröffentlichten, nicht minder gewichtigen (840 Seiten!) Untersuchung über die westdeutsche Jugendkultur der *60er Jahre* (*Time Is on My Side*, Göttingen: Wallstein 2006) zurück in das „letzte Drittel der *50er Jahre*": Damals habe, „mit beträchtlicher Vorbildwirkung für die populären Kulturen der 60er Jahre", der Freizeitstil zunächst noch jugendlicher Minderheiten Eingang in die Massenkultur gefunden. Seine Impulse hätte dieser Stil primär aus „Radio, Musikbox und Kino" bezogen; hinzu kamen „Plattenspieler, Tonbandgeräte, Bücher und Zeitschriften" (S. 73).

Schließlich konzentrierte ein Autor(inn)enteam in dem von Werner Faulstich herausgegebenen Band: *Die Kultur der 50er Jahre* (Paderborn: Wilhelm Fink 2003) sich auf die Rolle von Kultur und Medien als Motoren sozialen Wandels: Hier seien die Wertmuster und Leitbilder entwickelt worden, die in anderen gesellschaftlichen Bereichen gestaltend wirksam geworden seien – „in einem Ausmaß, das man sich nur selten bewusst macht." Sein und Siegfrieds Schwerpunkte decken sich mit denen des vorliegenden Buchs, wobei Faulstich merkwürdigerweise die Rolle des Kinos vernachlässigt.

Illustrierte Rückblicke auf Möbel und Moden, Kunst und Design, Dekorations- und Gebrauchsgegenstände der „Adenauer-Jahre" fügen solchen Forschungen bunte Tupfer hinzu (Beispiele: „Paul Maenz: *Die 50er Jahre. Formen eines Jahrzehnts*, Köln: DuMont 1984; Corinna Wodarz: *50er Jahre-Alltagsdesign*, Oldenburg: Isensee 1998; *Heut' laden wir uns Gäste ein: Kulturgeschichte der privaten Feiern nach 1945*, Münster: LWL-Museumsamt für Westfalen 2007. Aus zeitgenössischer Sicht: Ruth H. Geyer/Sibylle Geyer: *Möbel und Raum*, Berlin: Ullstein 1955). Alltagsgeschichte als Konsumgeschichte an Hand der zunehmenden Verfügbarkeit neuer Ge- und Verbrauchsgüter schildert Arne Andersen (*Der Traum vom guten Leben*, Frankfurt/New York: Campus 1999). Er zeichnet die tiefgreifende Veränderung der Lebensstile nach, die sich auf dem allmählichen Weg in die „Bedarfs-*weckungs*-" (an Stelle der „Bedarfs*deckungs*-") Gesellschaft ergab.

Darunter fällt auch der Wandel der Lesegewohnheiten als Folge der Einführung des Taschenbuchs – des „modernen" Taschenbuchs, wie es bezeichnenderweise in der prachtvoll aufgemachten 400 Seiten-Verlagschronik des westdeutschen Vorreiters auf diesem Gebiet heißt (*100 Jahre Rowohlt*, Reinbek: Rowohlt 2008). Die schönste Geschichte darin – denn um eine richtige, wirkliche Geschichte handelt es sich: Elke Heidenreichs „rororo raucht" (Heidenreich selbst natürlich auch; vergleiche im Übrigen das fünfte Kapitel dieses Buchs).

Als Seismograph für die herrschenden Vorstellungen vom „korrekten" Leben können die Anstandsbücher und Alltagsratgeber dienen, die sich regen Zuspruchs bei Erwachsenen erfreuen. Zwei 500-Seiten-Wälzer stehen dafür stellvertretend: Lilo Aureden: *Schön sein – schön bleiben*, Gütersloh: Bertelsmann 1955; Karlheinz Graudenz/Erica Pappritz: *Das Buch der Etikette*, Marbach: Perlen-Verlag 1956. Aufschlussreiche Einblicke in die Moralanschauungen der 50er Jahre liefert der Kommentar des Münchner Landgerichtsrats Hermann Riedel zum Jugendschutzgesetz (Siegburg: Reckinger 1953). Ebenso illustrativ: Der zwei Jahre später veröffentlichte erste Bericht über die Tätigkeit der vom selben Gesetz eingerichteten, bis heute fortbestehenden Bundesprüfstelle für jugendgefährdende Schriften (seit 2021: Bundeszentrale für Kinder- und Jugendmedienschutz): *Schmutz und Schund unter der Lupe* (Hrsg. Kurt-Werner Hesse; Frankfurt: dipa 1955). Die Bewertung der damaligen Leinwanderzeugnisse nach „moralischem Gehalt" bzw. „Wahrhaftigkeit" durch die Katholische Filmkommission für Deutschland erschließt sich beim Blättern in dem dickleibigen Band: *6000 Filme* (bearbeitet von Klaus Brüne; Düsseldorf: Schwann 1960).

Ebenso abgewogen wie sensibel hat David Dalton in einer (leider nur in englischer Sprache vorliegenden) Biographie „Jimmy" Deans kurzes, intensives Leben geschildert. *James Dean* (London: W.H. Allen 1975) beleuchtet ausführlich dessen Rollen in *Jenseits von Eden* und *… denn sie wissen nicht, was sie tun*. Einen kurzen, treffsicheren Kommentar von Edgar Morin zu der Mythenbildung um Dean enthält die Anthologie *Beat* (Hrsg. Karl O. Paetel; Reinbek: Rowohlt 1962/1968).

Rockmusik als Aufstand gegen die verkrustete Gesellschaft: Darin stimmen rückblickend Stefan Blankertz und Götz Alsmann: *Rock'n'Roll subversiv* (Wetzlar: Verlag Büchse der Pandora 1979 – was für ein kreativer Name!) überein mit Udo Lindenberg: *Rock'n'Roll und Rebellion* (Frankfurt: Syndikat 1981). Zahlreiche verstreute Reminiszenzen von Zeitzeugen illustrieren, was gemeint ist: Ein neues „subkulturelles", von vielen Erwachsenen als Provokation empfundenes Lebensgefühl, aus dem die Rockmusik mit ihrer „betonten Körperlichkeit" sich nicht wegdenken lässt.

Den jähen Aufstieg und raschen Absturz Bill Haleys, des einzigen „unerotischen" Rock'n'Roll-Idols, der als vereinsamter Alkoholiker 1981 in Texas starb, dokumentiert John Swenson: *Bill Haley* (London: W. H. Allen 1981). Vier Jahre zuvor war Elvis Presley, längst krank und drogenabhängig, tot in seinem Badezimmer gefunden worden. Jeder Versuch, die explosive Wirkung der „Heulboje" zwischen 1956 und 1958 auch nur andeutungsweise zu schildern, bleibt angewiesen auf Greil Marcus' faszinierendes Presley-Kapitel in *Mystery Train* (Reinbek: Rowohlt 1981). Fast – aber nur fast – ebenso gelungen: Peter Guralnicks Porträt des frühen Elvis Presley, wohl kaum von ungefähr unter einem fast gleichlautenden Titel veröffentlicht: *Last Train to Memphis* (Boston: Little, Brown 1994).

Dem unvergessenen Nachkriegs-Höhepunkt des Rundfunkzeitalters hat Chris Howland ein kleines Denkmal gesetzt mit mehreren seiner Erzählungen in *Happy Days?* (Köln: Kiepenheuer & Witsch 1995). Wolfram Schüttes Nachruf auf den AFN stand 1994 in der *Frankfurter Rundschau*.

Treffsichere Porträts von Conny Froboess und Peter Kraus findet man in Jean Amérys *Teenager-Stars. Idole unserer Zeit* (Zürich: Albert Müller 1960). Wer Gelegenheit hat, sollte trotzdem eine öffentliche Bibliothek aufsuchen, die die *STERN*-Ausgaben von 1959/60 mikroverfilmt aufbewahrt. Die beiden indiskreten Dauerbrenner jener Jahre, „Deutschland deine Sternchen" von Petronius I (Will Tremper) beziehungsweise „Deutschland deine Stimmchen" von Petronius II (Dieter Bochow), bilden immer noch eine höchst amüsante Lektüre. Conny Froboess (Petronius: „Holt die Tränentücher raus!") kam, in der „Deutschland deine Sternchen"-Folge vom 17. Februar 1960, vergleichsweise glimpflich davon. Dafür landete die Folgeserie „Deutschland deine Stimmchen" im September/November mit der genüsslichen Ausbreitung amouröser Abenteuer und sonstiger Eskapaden einige kräftige Tiefschläge gegen Kraus, Howland und den Radio-Luxemburg-Diskjockey Camillo Felgen.

Einen frühen Versuch, Science Fiction zu bestimmen und literarisch einzuordnen, unternahm der Göttinger Soziologe Martin Schwonke

(*Vom Staatsroman zur Science Fiction*, Stuttgart: Ferdinand Enke 1957). Seine Reduzierung des Genres auf Zukunftsentwürfe im naturwissenschaftlich-technischen Zeitalter fiel freilich arg eng aus. Die nötige Erweiterung – SF als „Signum und Symbol" unserer Zeit im Hinblick auf „alle Ängste, alles Unheil, alle Hoffnungen" - nahm dreißig Jahre später der Kieler Historiker Michael Salewski vor (*Zeitgeist und Zeitmaschine. Science Fiction und Geschichte*, München: dtv 1986).

Den legendären „Weltraum-Büchern" des Düsseldorfer Karl Rauch-Verlags und der Philosophie ihres Herausgebers Gotthard Günther spürt der Band *Science Fiction als neue Metaphysik?* nach, herausgegeben durch Dieter von Reeken und kommentiert von Franz Rottensteiner (Lüneburg: Dieter von Reeken 2015). Der beschließt sein Nachwort mit einer trockenen Bemerkung des SF-Kritikers und -Autors Damon Knight: Günthers Ansicht, Science Fiction sei eine Art Vorläufer einer neuen Metaphysik, erscheine ihm einigermaßen zweifelhaft – „aber jetzt, da die Geschichten ins Deutsche übersetzt werden, kann alles passieren, nehme ich an."

Das entsprechend überschriebene Kapitel des vorliegenden Buchs (Erstfassung, wie gesagt, 1999) gab mir die Idee ein für meine 2007 unter dem Titel Die *Zukunft in der Tasche* (Lüneburg: Dieter von Reeken) erschienene, analytisch unterlegte Reminiszenz an die Pionierjahre 1955–1960 von Science Fiction und SF-Fandom in Westdeutschland. Ralf Boldt, Mitherausgeber von: *Die Stille nach dem Ton* (siehe unten), empfahl das Buch noch 2014 jedem, „der sich für das Verhältnis Gesellschaft und Science Fiction interessiert." Heinz Jürgen Galle zog ein Jahr später nach: *Wie die Science Fiction Deutschland* [faktisch Westdeutschland] *eroberte*, gleichfalls publiziert bei von Reeken und stärker konzentriert auf die einschlägige Heft-, Leihbuch- und Taschenbuchszene. Beide Schilderungen flossen als Quellen ein in Hans Freys umfängliche Studie: *Optimismus und Overkill 1945–1968* (Berlin: Memoranda 2021), den jüngsten Teil seiner mehrbändigen Geschichte deutscher SF.

Schließlich: Die beste Gelegenheit, um den Weg einzuschätzen, den die „modernisierte" (Frey) Science Fiction hierzulande genommen hat, bietet die Sammlung preisgekrönter Kurzgeschichten der Jahre 1985–2012 – achtundzwanzig an der Zahl -, die Ralf Boldt und Wolfgang Jeschke 2012 unter dem eben schon erwähnten Titel: *Die Stille nach dem Ton* (Murnau: p.machinery) herausgebracht haben.

Sach- und Personenregister

Adenauer, Konrad 30, 33, 35, 36, 146, 147
AFN (American Forces Network) 7, 33, 62, 123, 127
Alexander, Peter 36, 67, 125, 133
Alsmann, Götz 138
Améry, Jean 129, 139
Andersen, Lale 39
Anka, Paul 135
Arnoul, Françoise 33, 56, 61
Assia, Lys 67
Atomwaffen 140, 141
Aureden, Lilo 43, 46, 47

Baal, Karin 65, 68, 69
Barber, Chris 102, 104
Bardot, Brigitte 33, 34
Beauvoir, Simone de 102
Beiderbecke, Bix 63
Bendix, Ralf 99
Berendt, Joachim Ernst 62, 63
Berry, Chuck 15, 88, 121, 126
Bertelmann, Fred 41, 132, 137
BFN (British Forces Network) 7, 33, 123
Bilek, Franziska 98
Blatzheim, Hans Herbert 98
Bloemeke, Rüdiger 133
Blue Jeans 10, 79, 82, 84, 96, 97
Böll, Heinrich 149
Bonner Generalanzeiger 11, 14
Boone, Pat 13, 125
Borchert, Wolfgang 49, 51, 52

Bradbury, Ray 142
Bradley, Marion Zimmer 118
Bradtke, Hans 133
Brando, Marlon 55
Brass, Anna 9
Brassens, George 102
Braun, Wernher von 14, 110, 120, 142
BRAVO 17, 76, 77, 84, 95, 99, 119, 126, 129, 133
Brentano, Heinrich von 145
Brisk 92
Brylcreem 92
Brühl, Heidi 70, 71
Brühl, Hanno 7
Brunner, John 147 ff.
Buchholz, Horst 65, 68, 69
Buffet, Bernard 43
Bundesprüfstelle für jugendgefährdende Schriften 33, 113
Busch, Fini 133
Bush, Lou 123

Camus, Albert 48, 102
Carol, René 39, 132
Ceram, C. W. 48
Clair, René 102
Cohn-Bendit, Daniel 150
Colyer, Ken 102, 103
Como, Perry 133
Constantine, Eddie 29, 33, 34, 54, 56 ff., 61

156

Danny and the Juniors 25, 96
Davis, Miles 63
Dean, James 29, 33 ff., 78 ff., 81 ff.,
    84, 85, 88, 92, 94, 104, 150
Degenhardt, Franz-Josef 55
Diba, Farah 146
Dior, Christian 46, 47
Dominik, Hans 110
Domino, Fats 12, 88, 125
Donegan, Lonnie 104
Dos Passos, John 85

Edelhagen, Kurt 63, 74
Eisenhower, Dwight D. 112
Elizabeth II. 72
Ellington, Duke 62
Entenschwanz-Frisur 33, 92
Ernsting, Walter 119
Eskens, Margot 67, 132
Everly Brothers 123

Faruk 146
Felgen, Camillo 125, 127
Fischer, Kai 17, 18
Ford, Tennessee Ernie 124
Francis, Connie 17, 26, 27
Freiwillige Selbstkontrolle der Filmwirtschaft 33
Froboess, Conny 28, 35, 39, 125, 133 ff., 136, 137
Froboess, Gerhard 135, 136

Gartmann, Heinz 142
„Gast"arbeiter 106
Gelsenkirchner Barock 43
Gildo, Rex 20, 21
Gillespie, Dizzy 63
Gitte (Haenning) 121
Graudenz, Karlheinz 46, 97
Gréco, Juliette 102
Günther, Gotthard 119

Halbstarke 63, 65, 68 ff., 76, 77, 84
Haley, Bill 10, 12, 15, 33, 62, 65 ff., 67, 72, 74 ff., 87, 126

Halletz, Erwin 133
Helms, Bobby 127
Hemingway, Ernest 48 ff., 121
Herold, Ted 17, 24, 137 ff.
Holiday, Billie 63
Holly, Buddy 123
Howland, Chris 123, 124, 126, 127
Hüfthalter 47
Hula Hawaiian Quartett 39

Isetta 87

Jazz 62, 88, 102
Jenkins, Billy (Erich Rudolf Rosenthal) 107, 113
Jeschke, Wolfgang 120, 149
Jungk, Robert 25, 107, 110, 149

Kalter Krieg 113, 141, 147
Kästner, Erich 108, 149
Katholische Filmkommission für Deutschland 37
Kipling, Rudyard 52
Kraus, Fred 130
Kraus, Peter 17, 24, 26, 27, 31, 34, 38, 39, 41, 70, 125, 128 ff., 131 ff., 135 ff.
Krüger, Hardy 60

Leiber, Jerry 133
Leuwerik, Ruth 74
Lex Soraya 145
Lindenberg, Udo 94, 139
Lolita 36, 132
London, Laurie 34
Low, Bruce 67
Lowe, Jim 124
Luce, Clare Boothe 65
Lyttelton, Humphrey 102

Makulis, Jimmy 67
Mangelsdorff, Albert 63
Mendelson, Gerhard 131
Miller, Mitch 132
Mineo, Sal 79, 83

157

Monroe, Marilyn 86
Moser, Marc-Oliver 7, 9

Nierentisch 25, 43

Osborne, John 104
„Ostermarsch"-Kampagne 147

Pappritz, Erica 46, 97
Parker, Charlie 63
Presley, Elvis 10, 12, 13, 15, 25, 29, 33 ff., 41, 66, 86 ff., 89 ff., 92 ff., 125, 126, 129, 131, 137, 138
Prima, Louis 123
Pukallus, Horst 149
Pulver, Liselotte 60
Puttkamer, Jesco von 120

Queneau, Raymond 102
Quinn, Freddy 36, 67, 132, 133

Radio Luxemburg 7, 33, 123 ff., 127, 139
Ramsey, Bill 2, 11
Raumfahrt 34, 142
„Raupe" 87
Reeducation 35, 147
Reza Schah Pahlevi 145
Richard, Little 12, 15, 34, 72, 125, 129
Robbins, Marty 124
Rowohlt, Ernst 48
Rudat, Richard 108, 110
Rühmann, Heinz 38, 41

Sänger, Eugen 141, 142
Sartre, Jean-Paul 48, 102

Scharfenberger, Werner 133
Schelsky, Helmut 84
Schneider, Romy 74, 98, 101
Schuricke, Rudi 132
Schütte, Wolfram 125
Semler, Christian 147, 149
Soraya 31, 145, 146
SPIEGEL 25, 41, 46, 54, 60, 94, 95, 110, 142, 143
Sputnik 10, 110, 119, 143
Steinbeck, John 80
STERN 129, 145, 146
Stoller, Mike 133

Toast Hawaii 106
Torriani, Vico 36, 67
Tremper, Will 65
Tressler, Georg 65
Truffaut, François 79
Tucholsky, Kurt 48, 52
Turner, „Big" Joe 67

Valente, Caterina 67, 132
Vaughn, Billy 132
Vaughn, Sarah 63
Vincent, Gene 123, 129, 131

Wendland, Gerhard 132
Widmark, Richard 55
Wieghaus, Georg 7
Wilder, Thornton 121
Wilmenrod, Clemens 106
Wilson, Jackie 131
Wolff, Christian 70
Wood, Natalie 79, 83
Wooley, Sheb 6, 11, 110
Wuermeling, Franz-Josef 56

Verzeichnis der Filmtitel

Alarm im Weltall 117
Alle lieben Peter 17, 41, 136
Außer Rand und Band 12, 72, 74, 93

... denn sie wissen nicht, was sie tun 79, 81 ff., 94
Der Pauker 17, 38, 41
Die Frühreifen 36, 70, 135
Die Halbstarken 65, 68, 69
Die Mausefalle 102
Die Trapp-Familie 74

Eroberung des Weltalls 116, 117

Gefährtinnen der Nacht 61
Gold aus heißer Kehle 13, 93

Hula-Hopp, Conny 41, 136

Im Zeichen des Zorro 55
I Was a Teenage Werewolf 136

Jenseits von Eden 79, 80

Mein Leben ist der Rhythmus 93, 95
Mein Schatz, komm mit ans blaue Meer 139

Metaluna 4 antwortet nicht 117
Morphium, Mord und kesse Motten 59

Pulverdampf und heiße Lieder 13, 93

Rhythmus hinter Gittern 93
Rote Lippen – blaue Bohnen 59

Saat der Gewalt 10, 12, 33, 39, 62 ff., 65, 68, 70, 94
Serenade für 2 Pistolen 59
Sissi, die junge Kaiserin 74

The Blob 136

Verbrechen nach Schulschluss 70, 71

Weißer Holunder 31
Wenn das mein großer Bruder wüsste 136
Wenn die Conny mit dem Peter 39, 133
Wenn die Glocken hell erklingen 31
Wo der Wildbach rauscht 74

Zur Liebe verdammt 61

Verzeichnis der Schlagertitel

A White Sport Coat   125
Addio Amigo   133
Aint' That a Shame   125
All Shook Up   13, 36
Am Strande von Havanna   132
At the Hop   96

Baby I don't care   93
Be-Bop-A-Lula   129
Birth of the Boogie   66
Blue Monday   88
Blue Suede Shoes   88
Blueberry Hill   125
Burn that Candle   66

Capri-Fischer   73
Carolin, darf ich nicht dein Boyfriend sein   139
Catch a falling star   133
Cumberland Gap   104

Dein kleiner Bruder   139
Der Mond hält seine Wacht   67
Der weiße Mond von Maratonga   133
Diana   135
Dim, dim the Lights   66
Don't Be Cruel   129
Doncha' think it's time   125
Du hast dein Schicksal in der Hand   35, 135

Fräulein   127

Good Golly, Miss Molly   125

Got a lot o' livin' to do   93
Green Door   125

Hafen-Rock   39, 131
Happy Baby   66
Hard Headed Woman   94
Havanna Love   132
Heartbreak Hotel   10, 13, 88, 89
Heimweh   67
He's got the whole world in His hands   34
Hey Boys – How do you do   136
Holiday in Honolulu   39
Hound Dog   13, 36, 89, 99, 133
Hula Baby   39, 132, 133
Hula Rock   138

I Love You Baby   135
Ice Cream   102
Ich brauch keinen Ring   137

Jailhouse Rock   39, 93, 133
Johnny B. Goode   88
Jolly Joker   136

Keep a knockin'   125
King Creole   133
Komm ein bißchen mit nach Italien   188
Komm mit nach Palermo   133

Legionär   132
Long Tall Sally   88

Mach dich schön   131
Mäckie-Boogie   87
Maybelline   88
Mean Woman Blues   93
Money Honey   89
My Special Angel   127

O wie gut   129

Purple People Eater   2, 6, 11
Puttin' on the Style   104

Razzle Dazzle   12, 66, 72
Ready Teddy   89
Reet Petite   131
Rip it up   72, 89
River Kwai March   132
Rock and Roll is here to stay   25, 96
Rock around the clock   10, 33, 62, 65, 66, 72, 92
R-o-c-k   66
Rock-a-Beatin' Boogie   36, 66
Rosmarie   131

Sail Along, Silvery Moon   132
School Days   121
Schwarze Rose von Hawaii   132
See You Later, Alligator   12, 36, 66
Shake, Rattle and Roll   67
Sixteen Tons   125
Smoky   67
Steig in das Traumboot der Liebe   67
Sugar Baby   136
Susi-Rock   129, 131

Teddy Bear   13
Treat me nice   93
Tutti Frutti   34, 73

Va bene   132

Wear my ring around your neck   94, 125
Weißer Holunder   88
Wenn Teenager träumen   131, 133

Zambesi   123

DvR-Buchreihe

Dieter von Reeken · Brüder-Grimm-Straße 10 · 21337 Lüneburg
Telefon 0 41 31 - 5 94 66 · www.dieter-von-reeken.de

Sachbücher, Sekundärliteratur

Rainer Eisfeld: **Die Zukunft in der Tasche**. Science Fiction und SF-Fandom in der Bundesrepublik. Die Pionierjahre 1955–1960. Durchgesehene Neuauflage Broschüre, 216 S., 54 Abb., davon 12 farbig, Quellen- u. Literaturverzeichnis, Personenregister

Rainer Eisfeld: **Abschied von Weltraumopern**. Science Fiction als Zeitbild und Zeitkritik. Kommentare aus 25 Jahren. Mit einer Vorbemerkung v. Wolfgang Jeschke u. einem Beitrag v. Jörg Weigand. Broschüre, 160 S., 22 (davon 13 farbige) Abb., Drucknachweise, Personen- u. Sachregister

Rainer Eisfeld: **Zwischen Barsoom und Peenemünde**. Von den eingebildeten Landschaften des Mars bis zu den zerbröckelnden Mythen der V-2-Konstrukteure. Broschüre, 213 S., 26 (davon 8 farbige) Abb., Personen- u. Sachregister

Rainer Eisfeld: **Hundert Jahre deutsche Westernmythen**. Von Armand bis Astor: „Alles authentisch" · Klappenbroschur, 197 S., 35 Abb.

Heinz J. Galle: **Volksbücher und Heftromane**. Band 1: Der Boom nach 1945. Von Billy Jenkins bis Perry Rhodan. Klappenbroschur, 278 S., 115 Abb., Literaturverzeichnis, Register

Heinz J. Galle: **Volksbücher und Heftromane**. Band 2: Vom Kaiserreich zum „Dritten Reich". 40 Jahre populäre Lesestoffe. Klappenbroschur, 371 S., 201 Abb., Literaturverzeichnis, Register

Heinz J. Galle: **Volksbücher und Heftromane**. Band 3: Die Zeit von 1855 bis 1905. Moritatensänger, Kolporteure, Frauenromane. Klappenbroschur, 348 S., 192 Abb., Literaturverzeichnis, Register

Heinz J. Galle: **Wie die Science Fiction Deutschland eroberte**. Erinnerungen an die miterlebte Vergangenheit der Zukunft. Klappenbroschur, 224 S., 164 Abb., 2 Tabellen, Anhang

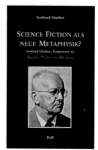

Gotthard Günther: **Science Fiction als neue Metaphysik?** Vorwort und Kommentare zu den vier »Rauchs Weltraum-Büchern« (1952) · Klappenbroschur, 137 S., 18 Abb.

Fritz Heidorn: **Kurz vor ewig.** Kosmologie und Science-Fiction. Beiträge zur Wissenschaftsgeschichte der Science-Fiction aus Kosmologie, Religion und Literatur. Klappenbroschur, 231 S., 6 Abb.

Fritz Heidorn: **Demnächst oder nie.** Reisen zu fremden Welten. Nachdenken über die Erde, die Menschen und ihre Besuche anderer Himmelskörper. Klappenbroschur, 239 S., 34 Abb., davon 30 farbig

Fritz Heidorn: **Arthur C. Clarke.** Jenseits des Unmöglichen. Visionär für das 21. Jahrhundert. Klappenbroschur (in Vorbereitung)

Franz Rottensteiner: **Zukunftskriege in der Science Fiction.** Kommentierte Beispiele aus den Jahren 1871–1918. Klappenbroschur, 159 S., 30 Abb.

Franz Rottensteiner: **Revanche!** Zukunftskrieg und Wiederaufstieg zu alter Macht im deutschsprachigen Zukunftsroman der Zwischenkriegszeit. Klappenbroschur, 230 S., 55 Abb.

Heinrich Stöllner: **Die Zukunft war gestern.** Science-Fiction-Serien in den deutschen Utopia- und Terra-Reihen der 1950er bis 1980er Jahre. Klappenbroschur, 512 S., 133 Abb., Literatur- und Quellenverzeichnis, Namensregister, Reihen-, Serien- und Titelregister

Jörg Weigand: **Abenteuer Unterhaltung.** Erinnerungen an 60 Jahre als Leser, Autor und Kritiker. Klappenbroschur, 241 S., 118 Abb.

Jörg Weigand: **Das utopisch-phantastische Leihbuch nach 1945.** Originalausgaben und Publikationsgeschichte. Eine Bestandsaufnahme 1946–1976. Klappenbroschur, 303 S., über 1650 Eintragungen, 241 Abb., Literaturhinweise

Jörg Weigand: **Zwischen Gesellschaftsroman und Pornografie.** Der Sittenroman im Leihbuch nach 1945. Mit einem Nachwort von Rainer Schorm. Klappenbroschur, 209 S., 104 Abb., mehrere Verzeichnisse

Wegen weiterer lieferbarer Bücher fordern Sie bitte zusätzliche Informationen an.